DEUTSCH

in der Oberstufe

TRAINING

- *Basiskompetenzen*
- *Klausuren und schriftliches Abitur*
- *Mündliches Abitur*

Herausgegeben von: Peter Kohrs

Erarbeitet von: Sönke Hoes
Peter Kohrs
Thomas Netenjakob
Margret Wallheinke

Schöningh

Die Lösungen zu den Übungen befinden sich in der separaten Beilage.

www.schoeningh-schulbuch.de
Schöningh Verlag, Jühenplatz 1–3, 33098 Paderborn

Druck 5 4 3 2 / Jahr 2012 11 10 09
Die letzte Zahl bezeichnet das Jahr dieses Druckes.

Illustrationen: Reinhild Kassing, Kassel
Umschlaggestaltung: Nora Eumann, Bielefeld; unter Verwendung von Harald Metzkes: Lesende am Fenster, © VG Bild-Kunst, Bonn 2008; Archiv für Kunst und Geschichte, Berlin (r. o.); ©ullstein – Henry Ries (r. u.)
Druck und Bindung: westermann druck GmbH, Braunschweig

ISBN 978-3-14-028242-0

Inhaltsverzeichnis

Training: # Basiskompetenzen zur Erschließung von Texten

Sachtexte

Einen Sachtext inhaltlich zusammenfassen

Irmgard Scheitler

Erzähltheorie der Gegenwartsprosa

– argumentierender Text

– **Adressaten:** Leser, die sich mit Literatur beschäftigen

Thematik: Theorie der Gegenwartsprosa im Vergleich zu traditioneller Prosa

Nehmen wir als Gegenbeispiel [zur modernen Literatur] ein Werk wie Fontanes *Effi Briest* und gestatten uns um der schärferen Konturierung willen eine etwas vereinfachte Sicht: Fontane präsentiert in seinem Roman einen Weltausschnitt oder ein Modell von Welt, in das der Leser mit den ersten Sätzen eintaucht und das er während seiner Lektüre nicht zu verlassen braucht, denn diese Romanwelt operiert mit dem, was dem Leser plausibel erscheinen kann, und ist in sich stimmig und geschlossen. Innerhalb seiner konstruierten Welt diskutiert der Roman am Beispiel von individuellen Problemen der fiktiven Figuren exemplarische Fragen von mehr oder weniger zeitgebundenem Charakter. Ob er für diese Probleme eine Lösung anbietet, mag dahingestellt bleiben; jedenfalls enthält der Text dank auktorialer Eingriffe wie Rezeptionslenkung und Fokussierung einen starken Appell an den Leser, Situationen und Konstellation von der Art der dargestellten als problemträchtig zu erkennen und nach Lösungswegen zu streben. Dieser Appell kann nur vermittelt werden, weil Autor und Leser im Wesentlichen die gleichen Werte hochhalten, die z. B. im Falle von *Effi Briest* im Konflikt zwischen Ehe und Selbstverwirklichung aufeinanderprallen. Autor und Leser stehen in einer Welt, die wenigstens prinzipiell begreifbar und überschaubar erscheint – einer Welt übrigens, die weitgehend mit einem konkreten Staatsgebilde, Preußen, identisch ist –, und gehen davon aus, dass Konflikte bewältigt werden sollen und können.

Abschnitt 1: traditionelle Romanliteratur

Diese Voraussetzungen sind nicht mehr vorhanden. Da für das einzelne Individuum die Welt undurchschaubar geworden ist, lehnen auch Autoren es ab, die Welt als eine verfügbare in Erzählungen einzufangen, die sich als „Modell von Welt" präsentieren. Da nirgends mehr Verlässlichkeit zu erwarten ist und da man im Grunde kaum etwas über sich selbst weiß, wird auch die Illusion von einem allwissenden, treulich berichtenden Autor absurd. In einer

Gesellschaft, die vom Pluralismus zur Wertfreiheit fortgeschritten ist, sollte auktoriale Sympathielenkung nicht mehr einengen. Angesichts von Identitätsverlust und Brüchigkeit des Ichs lassen sich keine konsistenten Figuren mehr herzeigen. Wenn der Zufall regiert, wird auch eine konsequent und final erzählte Geschichte unmöglich. Der Roman muss notwendig seine Funktion exemplarischer Problembewältigung einbüßen. Auch von der Hoffnung, eine Verbesserung von Zuständen durch Literatur herbeiführen zu können, hat sich die Gemeinde der Autoren und Leser weitgehend entfernt, obwohl es in diesem Punkt in den letzten Jahrzehnten verschiedene Tendenzen gab.

Abschnitt 2: weltanschauliche Veränderung

Wesentliche Merkmale der heutigen Literatur sind inzwischen seit 100 Jahren geläufig. Die Erzählrevolutionen seit der sog. Moderne zersetzten Stück für Stück die Einheit eines Textes und die epische Illusion. Verloren ging die sog. Welthaltigkeit zugunsten von Innenperspektive und stream of consciousness[1], der allwissende Erzähler wurde von einer Fülle von Perspektiven abgelöst, an die Stelle der Geschlossenheit trat das offene Ende, an die Stelle der Einheitlichkeit die Montage. Mit dem Abschied von realistischer Darstellung büßte das Erzählte Linearität, Konsistenz und Mimesis[2] ein. Sprachskepsis, ja der Zweifel an der Übereinstimmung von Zeichen und Bezeichnetem überhaupt schienen der Literatur den Boden zu entziehen: ihre Verankerung in der Welt. Mit dem fortschreitenden Verzicht auf Rezeptionslenkung durch den Erzähler entfiel auch der moralische Aspekt: die Vermittlung von Werten, v. a. durch ein Werte bestätigendes Ende. Stattdessen suchte sich Literatur eine andere Basis: sich selbst und ihr eigenes Verfahren. [...]

Abschnitt 3: Merkmale der modernen Literatur

Literatur droht eine Sache für Spezialisten zu werden. Dies gilt umso mehr, als es heute keinen allen gemeinsamen Wissenskanon und Kulturschatz mehr gibt, auf den zurückgegriffen werden könnte. Es gibt aber noch andere Sperren, die sich dem Leser in den Weg stellen und ihm Gegenwartsliteratur hermetisch zu verschließen scheinen. Hierher gehört die Abwesenheit eines Leitfadens, einer Leitfigur oder einer Erzählinstanz, das „Verschwinden" des Autors. Haben wir uns durch die Erfahrungen langer Jahre an das Fehlen einer linearen Chronologie, an Sprünge, ja an Widersprüche gewöhnt, so bereitet das, was die „Mit-Autorschaft des Lesers" genannt wird [...], das Fehlen einer Geschichte und ihre Substituierung[3] durch Varianten, denn doch Irritationen. Damit eng verknüpft ist die Verabschiedung von scheinbar unverrückbaren Axiomen: Personenidentität, Trennung von Belebtem und Unbelebtem, Identität der Zeit. (2001)

Abschnitt 4: Folgen/Fazit

[1] stream of consciousness: Bewusstseinsstrom; Form der Personenrede in lit. Texten (Neben direkter Rede, indirekter Rede und erlebter Rede als Wiedergabe von Gedachtem; bei der stream-of-consciousness-Technik geht es um die Darstellung von Bewusstseinsinhalten sowie halb- oder unbewussten Assoziationen. Diese Technik öffnet – vor allem in moderner Literatur – einen unbegrenzten Einblick in das Innere der Figuren und ist Ausdruck erzählerischer Allwissenheit.)

[2] Mimesis: Zentralbegriff der Kunsttheorie seit der Antike; bezeichnet das Verhältnis von Erfahrungswirklichkeit und künstlerischer Gestaltung; im Laufe der Zeit hat sich allerdings die Auffassung von Wirklichkeit und Nachahmung gewandelt.

[3] Substituierung: Austausch, Ersatz

1 Lesen Sie den Text aufmerksam durch. Formulieren Sie in einer knappen Zusammenfassung, worum es in dem Text geht.

2 Fassen Sie die Markierungen und Randnotizen in einem knappen (informierenden) Text zusammen.

3 Ergänzen Sie Markierungen und Randnotizen, indem Sie jeweils passende Details feststellen.

4 Fassen Sie die Unterschiede zwischen traditioneller Prosa und Prosa der Gegenwart in einer gegenüberstellenden Liste (auf einem gesonderten Blatt oder am PC) zusammen. Arbeiten Sie mit Stichwörtern; schreiben Sie nur das Wesentliche heraus. Nutzen Sie den folgenden Anfang.

Traditionelle Prosa (Beispiel: 19. Jahrhundert: Th. Fontane)	**Prosa der Gegenwart** (die letzten 100 Jahre)
• Weltausschnitt/Modell der Welt: stimmig, geschlossen • ...	• Voraussetzungen traditioneller Romane fehlen • gesellschaftliche Veränderungen: – Welt für Individuum undurchschaubar – ... • Folgen für Romane: – ... • Merkmale moderner Literatur – ...

Der folgende Ausschnitt einer Inhaltszusammenfassung stammt von einem Schüler:

In dem Text „Erzähltheorie der Gegenwart“ von Irmgard Scheitler, einem Auszug aus dem im Jahre 2001 erschienenen Sachbuch, geht es vor allem um die Kennzeichnung moderner Romanliteratur als Folge gesellschaftlicher Veränderungen. Diese Kennzeichnungen werden der traditionellen Romanliteratur (Beispiel: Fontane) gegenübergestellt. Im 1. Abschnitt geht die Verfasserin im Hinblick auf die gewählte Überschrift zunächst von einem Gegenbeispiel der Tradition, nämlich der Prosa des 19. Jahrhunderts am Beispiel von Fontanes Roman „Effi Briest“, aus, in dem es noch – nach Meinung der Verfasserin – eine stimmige und in sich geschlossene Romanwelt gibt, die für den Leser begreifbar und überschaubar ist. Die dargestellten individuellen Konflikte dieser künstlich geschaffenen Romanwelt stellen für einen solchen Leser einen Appell dar, um nach Bewältigungsmöglichkeiten in seinem eigenen Lebensumfeld zu suchen. Eine solche Vermittlung durch den Autor – so betont die Verfasserin – ist nur möglich, weil Autor und Leser durch ähnliche Wertmaßstäbe verbunden sind.

Im nächsten Abschnitt stellt die Verfasserin heraus, diese Voraussetzungen seien aber nicht mehr gegeben, weil inzwischen Veränderungen vor sich gegangen seien. So nennt sie folgende Beispiele:
- Welt ist für das Individuum undurchschaubar geworden,
- Verlässlichkeit ist nicht mehr zu erwarten,
- Identitätsverlust, Ich-Dissoziation herrschen vor,
- allgemein bindende Werte sind nicht mehr vorhanden,
- der Zufall regiert.

Als Folgen für die Romanliteratur nennt die Verfasserin vor allem:
- ...

(5) Schreiben Sie auf, welche Einzelheiten die Einleitung enthält.

____

____

(6) Weisen Sie Beispiele für die sprachliche Durchdringung nach. Nutzen Sie zur Beantwortung die Möglichkeit der Textmarkierung:
- knappe, logische und präzise Zusammenfassung durch Satzgefüge,
- Wiedergabe einer fremden Meinung mithilfe des Konjunktivs,
- sprachliche Konnektoren, die eine Schlüssigkeit im Text bewirken.

(7) Geben Sie eine kurze Beurteilung, inwieweit die Kriterien für die Zusammenfassung eines Sachtextes (s. Methoden-Kasten) erfüllt sind.

____

____

____

____

(8) Schreiben Sie jetzt auf einem gesonderten Blatt oder am PC die Fortsetzung der Zusammenfassung. Nutzen Sie dabei die oben erarbeiteten Zusammenhänge und Übersichten.

Methode

Inhaltliche Zusammenfassung eines Sachtextes

Es geht bei der Zusammenfassung eines Sachtextes um eine teils informative, teils erklärend-argumentative Darstellung. Zusammengefasst wird in der Tempusform *Präsens*. Wichtig ist es, sich vom Wortlaut des Textes zu lösen und diesen im Sinne einer analytischen Distanz mit eigenen Worten wiederzugeben. Zentrale Zitate können in die Zusammenfassung eingebaut werden; eine bloße Paraphrasierung muss jedoch vermieden werden.

Die Fähigkeit, eine inhaltliche Zusammenfassung eines komplexen Sachtextes erstellen zu können, ist Voraussetzung für jede Analyse und Erörterung. Sie setzt das Verstehen des Textes voraus. Da fremde Gedanken wiedergegeben werden, muss dies im Text durch entsprechende sprachliche „Distanzmittel" zum Ausdruck gebracht werden, entweder
- durch den Konjunktiv: Der Verfasser meint, dies *sei* deshalb notwendig, weil ...
- oder durch Formulierungen wie: Dies – *so behauptet der Verfasser* – ist deshalb notwendig, weil ...

Zur *Sprache* in Inhaltszusammenfassungen:
Wichtig für die Struktur des Textes sind vor allem sprachliche Konnektoren, hinweisende Ausdrücke und Formulierungen, die eine Gliederungshilfe im Text darstellen, z. B.: *dies, außerdem, darüber hinaus, jedoch, aber, schließlich.*

Die logische Verknüpfung von Abschnitten und Sätzen wird am besten durch hypotaktischen Satzbau (Satzgefüge) zum Ausdruck gebracht. Auch unterschiedliche Ausdrücke des Sagens und Sprechens helfen, sich vom Wortlaut des Textes zu lösen und die Zusammenhänge zu strukturieren, z. B.: *Er/der Verfasser/der Autor ... stellt dar/erklärt/hebt hervor/bemerkt/fasst zusammen/beruft sich/behauptet/betont/lässt keinen Zweifel daran, ...*

Gegliedert werden kann die Zusammenfassung in folgender Weise:

Einleitung

Verfasser, Titel, Art des Sachtextes, knapper Hinweis auf Inhalt/Thematik

Hauptteil

- Um welche Problematik/welchen Inhalt/welche Thematik geht es (detaillierte Darstellung)?
- Wie ist der Inhalt gegliedert?
- Welche Absicht verfolgt der Verfasser? (vorwiegend Information? Appell? Argumentation?)
- Wer ist der mögliche Adressat des Textes? Für wen könnte der Text von Interesse sein?

Schlussteil

Möglich sind:

- knapper Ausblick im Sinne der Thematik,
- knappe Beurteilung des Textes.

Weitere Trainingsmöglichkeit

Wolf Schneider

Die Sprache verändert sich – was sollen die alten Normen?

Die Frage ist berechtigt – die in ihr schon angelegte Antwort falsch. Die Sprache verändert „sich“ nämlich *nicht*. Es existiert keine abstrakte Wirkungsmacht namens „Sprache“, die auf unerforschliche Weise sich selbst veränderte. Nein: *Wir* entwickeln sie, wir, die fast hundert Millionen Europäer deutscher Muttersprache, mit allem, was wir sagen oder nicht sagen, schreiben oder nicht schreiben. Jeder hat einen Einfluss größer als null.

Martin Luther hat die Sprache ganz gewaltig entwickelt, alle Dichter, zumal die populären, haben es getan, und heute üben Journalisten, Schriftsteller, Werbetexter einen mächtigen Einfluss aus, auch Fernsehplauderer, Popstars, Discjockeys, Sportler mit ihrem Mikrofongestammel; nicht zu vergessen die Soziologen, deren Hinterfragungs- und Selbsteinbringungskauderwelsch man sogar von jungen Leuten hören kann, die auf der Parkbank schmusen. Und dann jene gesellschaftlichen Gruppen, die bewusst eine Sprachlenkung betreiben und dabei die Macht bewiesen haben, sie durchzusetzen: Die feministische Bewegung hat es binnen etwa zwanzig Jahren geschafft, in allen amtlichen Schriftstücken sowie in den meisten Redaktionen entweder eine neutrale Geschlechtsbezeichnung („die Lehrperson“) oder die Doppelnennung zu erzwingen, und andere Abweichungen vom herkömmlichen Sprachgebrauch will die *Political Correctness* uns vorschreiben [...].

Sprachmacht wird indessen auch ohne politische Absicht ausgeübt. Etliche Marotten, die sich Rudolf Augstein 1947 als Markenzeichen für den *Spiegel* ausdachte, sind Gemeingut geworden: die Abschaffung des Personalpronomens zum Beispiel („Ehefrau Hilde mit Sohn Otto“ – für *seine* Frau mit *ihrem* Sohn war kein Platz) oder die Versaubeutelung des Genitivs („Der Einfluss *von* Gesellschafter Meyer ...“). Wer bezweifelt, dass dies eine Erfindung von 1947 ist, beweist damit nur, wie erfolgreich sie die Sprache unterwandert hat. Die *Bildzeitung* wirkt natürlich sprachbildnerisch auf ihre elf Millionen Leser ein; und wenn wir heute „Iran“ sagen zu jenem Land, das vor einem halben Jahrhundert alle Deutschen „Persien" nannten, dann deshalb, weil die *Deutsche Presseagentur* (dpa) sich entschieden hatte, die Sprachregelung des Auswärtigen Amtes zu übernehmen, sodass die nun alle Zeitungsleser erreicht.

Keiner von den Sprachveränderern hat gefragt, ob er befugt ist, einen Wandel herbeizuführen, keiner war von einer Mehrheit der Deutschsprachigen oder von einem halbwegs zuständigen Gremium beauftragt oder legitimiert. Alle haben die Sprache wohlgemut verändert zu ihren politischen, kommerziellen oder individuellen Zwecken.

Wer solche Zwecke nicht verfolgt, sondern einfach einer klaren, kraftvollen Sprache dienen will, der muss sich also seinerseits um Legitimation nicht scheren. Er ist selbst ein Stück Sprachentwicklung und kann sich fröhlichen Gewissens zur Umgestaltung aufgerufen fühlen. Ebenso selbstverständlich hat er das Recht, solche Veränderungen zu kritisieren oder zu bekämpfen, die er für unglücklich hält.

Wie dient man der Sprache am besten? Indem man versucht,

- ihren Reichtum zu erhalten
- ihre Alltagstauglichkeit unter ständig wechselnden Bedingungen zu wahren
- ihre Kraft und Eleganz zu mehren
- jedem tückischen oder lümmelhaften Umgang mit ihr in den Weg zu treten.

Einbalsamieren will die Sprache keiner. Wir wissen, dass sie lebt und sich verändern muss; aber das ist nicht gleichbedeutend mit der Leidenschaft, vor jedem modischen Unfug in die Knie zu gehen.

Der simpelste Fall von Sprachentwicklung findet dort statt, wo etwas neu in die Welt tritt und nach Benennung ruft. Wie, zum Beispiel, sollte die Maschine heißen, der das Kunststück gelang, Wagen über Schienen zu ziehen? „Dampfross" wurde sie zunächst genannt, Erfinder der Metapher unbekannt – aber eigentlich war er ein begabterer Mensch als jener lateinkundige Studienrat, der das Wort „Lokomotive" durchsetzte. Die Bedeutung „sich von der Stelle bewegend" träfe ja ebenso auf das Automobil zu, „das sich selbst Bewegende"; die Abgrenzung zwischen den beiden Wörtern ist ein historischer Zufall – und kein Beispiel für intelligenten Umgang mit der Sprache.

Nach diesen Schlaglichtern auf den Sprachwandel, gesteuerten und unwillkürlichen, stellen sich erst recht zwei Fragen: Sind *Sprachnormen* noch zeitgemäß, zumutbar, durchsetzbar? [...]

Inzwischen hat die *Werbung* den Normverstoß als Köder für die Aufmerksamkeit entdeckt: „Deutschlands meiste Kreditkarte" zum Beispiel, oder der Name einer Talkshow „Was erlauben Strunz?" (in Anlehnung an das krause Deutsch eines italienischen Fußballtrainers). Und fast schon geflügelt geworden ist der Werbespruch: „Da werden Sie geholfen." Anno 2004 hat sogar und ausgerechnet die Präsidentin des Goethe Instituts, Jutta Limbach, den *Spiegel* gelobt für seine „lebensnahe und schöpferische Sprache, die sich über einengende Regeln der deutschen Grammatik erhaben weiß".

Unbeschadet der Hoffnung, dass Frau Limbach dies ironisch gemeint haben könnte. [...] Die Schule hat das Äußerste zu tun, um bei allen Schülern die Norm gegen die Gefühlsgrammatik durchzusetzen. Alle wollen, alle müssen sich an dem großen Sprachspiel beteiligen, ohne das unser Zusammenleben nicht funktionieren kann; also ist es zwingend, die Regeln dieses Spiels zu erlernen, und zumutbar auch: Komplizierter als die Abseitsregel im Fußball ist nämlich keine. Hauptsache, das Lernen macht nicht *nur* Spaß.

„Ohne Regeln", sagt Dolf Sternberger, „gibt es überhaupt keine Gesellschaft, auch keine künftige."

(2005)

Information

Der Text ist ein Auszug aus dem 2005 erschienenem Buch „Deutsch! Das Handbuch für attraktive Texte" (Rowohlt Verlag, Reinbek bei Hamburg). Wolf Schneider, geb. 1925, leitete bis zum Jahre 1995 die Hamburger Journalistenschule. Er war u. a. Washington-Korrespondent der „Süddeutschen Zeitung" und Chefredakteur der „Welt".

1 Fassen Sie Thematik/Inhalt und Argumentationsschwerpunkt des Textes von Wolf Schneider „Die Sprache verändert sich – was sollen die alten Normen?" zusammen.

Einen Sachtext mithilfe der Fünf-Schritte-Lesemethode erschließen

Marcel Reich-Ranicki

Für Kurzgeschichten muss man Zeit haben

[Es gibt] einen ursächlichen Zusammenhang zwischen dem dominierenden Lebensgefühl der Leser und ihrer Vorliebe für bestimmte literarische Formen. Nur verhält es sich eher umgekehrt, als es sich auf den ersten Blick verhalten müsste, nämlich: Je schneller und hastiger unser Alltag, desto stärker unser Bedürfnis nach Ruhe. Und je spürbarer die Unsicherheit, desto heftiger die bewusste oder unbewusste Sehnsucht nach Entspannung und Entrückung, nach Schutz, nach, altmodisch ausgedrückt, Geborgenheit. Dies jedoch beeinträchtigt im selben Maße die Erfolgschancen der Kurzgeschichte, wie es diejenigen des Romans begünstigt.

Schon durch seine die Zeit organisierende und gliedernde Funktion flößt der Roman wenn nicht gerade Behaglichkeit ein, so jedenfalls Vertrauen. Die Kurzgeschichte verbreitet, wenn nicht gerade Beklemmung, so jedenfalls Skepsis und Misstrauen. Der Roman betreut und behütet den Leser, die Kurzgeschichte nimmt ihn in Anspruch und liefert ihn sich selber aus. Daher lässt sich im Roman Ruhe finden, während die Kurzgeschichte in Unruhe versetzt. Von ihr werden Bedürfnisse nicht erfüllt, sondern provoziert.

Überdies stellen die Erzähler von Kurzgeschichten an die Fantasie, die Aufmerksamkeit und die Intelligenz ihres Publikums hohe Anforderungen: Wie die Autoren mit wenigen Worten eine ganze Welt zeigen wollen, so sind die Leser gezwungen, sich mit nur wenigen Anhaltspunkten und Andeutungen für jenes Bild zu begnügen, das sie sich selbst machen müssen. Während der Roman ganze Städte und Landschaften ins Blickfeld rückt, lassen sich Geschichten eher mit Brücken vergleichen. Und in der Regel verbindet eine Brücke nicht etwa zwei Punkte miteinander, sondern zwei Wege. Das gilt auch für Geschichten. Wo der Weg beginnt, der zu ihnen geführt hat, kann man nicht sehen. Wohin der Weg führen wird, der am anderen Ufer anfängt, kann man nicht ahnen. Eine Geschichte beginnt also nie mit ihrem ersten Wort und schließt nie mit ihrem letzten. Zu ihr gehören die Gefühle und Gedanken, von denen sie ausgelöst wurde und die sie auslöst.

Daher beansprucht die Kurzgeschichte ebenso vom Autor wie vom Leser die höchste Konzentration. Wer in einem Roman einen Absatz übersieht, kann hoffen, dass er das ihm Entgangene später doch noch finden werde. Denn der Romancier folgt der Aufforderung Mephistos: Du musst es dreimal sagen! Wer aber in einer Kurzgeschichte einen Absatz oder auch nur einen einzigen Satz nicht wahrnimmt, riskiert, dass sie ihm unverständlich bleibt. Eben deshalb eignet sich die Kurzgeschichte, der landläufigen Ansicht zum Trotz, weder für die Straßenbahnfahrt noch für die Frühstückspause. Wer es eilig hat, greife zu Romanen. Für Kurzgeschichten muss man Zeit haben.

Allerdings wäre nichts unsinniger, als die Kurzgeschichte gegen den Roman ausspielen zu wollen: Unsere Literatur braucht diesen ebenso wie jene. Doch wer den Kurzgeschichten wieder zum Leben verhelfen möchte, sollte auch bedenken, dass sie nicht entstehen können, wenn es an Publikationsorganen mangelt, die bereit sind, sie den Lesern zugänglich zu machen. Nicht zufällig waren die ersten deutschen Schriftsteller, die hervorragende epische Miniaturen geschrieben haben, Mitarbeiter von Zeitungen: Johann Peter Hebel und Heinrich von Kleist. Dies gilt auch für die Meister der angelsächsischen short story von Edgar Allan Poe über Mark Twain und O'Henry bis zu Hemingway.

Bei uns aber gibt es immer weniger Zeitschriften; und seit jenen späten Sechzigerjahren, da die Kunst rapide in Verruf geraten ist, haben die Tages- und Wochenzeitungen kaum

noch Platz für erzählende Prosa. Soll man sich wundern, dass sich unter solchen Umständen die deutschen Schriftsteller fast ganz von der Kurzgeschichte abgewandt haben?
(Frankfurter Allgemeine Zeitung, 17.9.1977)

Arbeitsschritt 1: Text überfliegen, erste Eindrücke festhalten, Informationen entnehmen, Vorwissen abrufen

(1) Fassen Sie Ihr Vorwissen zum Thema *Kurzgeschichte* in knapper Form zusammen.

(2) Welchen Eindruck haben Sie von dem Text? Was ruft in besonderer Weise Ihr Interesse, Ihre Neugier hervor?

(3) Worum geht es in diesem Sachtext? Notieren Sie in Form von Stichwörtern.

(4) Kennzeichnen Sie die Form des Sachtextes. Kreuzen Sie Zutreffendes an.

☐ eher appellierend ☐ eher normierend ☐ eher argumentierend
☐ eher informierend ☐ stellt eher persönliche Gefühle und Eindrücke dar

Arbeitsschritt 2: W-Fragen beantworten

(1) **Wer** ist der Verfasser?

(2) **Wann** ist der Text zum ersten Mal erschienen?

(3) **Wo**/in welchem Medium wurde der Text ursprünglich veröffentlicht?

(4) **Welche** Absicht verfolgt der Verfasser mit seinem Text?

(5) **Welche** Ihnen bekannten Verfasser von Kurzgeschichten führt Reich-Ranicki nicht auf?

(6) **Welche** Gründe nennt Reich-Ranicki dafür, dass seit den späten 60er-Jahren weniger Kurzgeschichten geschrieben werden?

Arbeitsschritt 3: Text durch markierendes Lesen erschließen

Marcel Reich-Ranicki

Für Kurzgeschichten muss man Zeit haben

Überschrift: zentrale These

[Es gibt] einen ursächlichen Zusammenhang zwischen dem dominierenden Lebensgefühl der Leser und ihrer Vorliebe für bestimmte literarische Formen. Nur verhält es sich eher umgekehrt, als es sich auf den ersten Blick verhalten müsste, nämlich: je schneller und hastiger unser Alltag, desto stärker unser Bedürfnis nach Ruhe. Und je spürbarer die Unsicherheit, desto heftiger die bewusste oder unbewusste Sehnsucht nach Entspannung und Entrückung, nach Schutz, nach, altmodisch ausgedrückt, Geborgenheit. Dies jedoch beeinträchtigt im selben Maße die Erfolgschancen der Kurzgeschichte, wie es diejenigen des Romans begünstigt.

Wiederholung

Teil 1

Leserhilfen/Konnektoren

Präzisierung der These

Schon durch seine die Zeit organisierende und gliedernde Funktion flößt der Roman wenn nicht gerade Behaglichkeit ein, so jedenfalls Vertrauen. Die Kurzgeschichte verbreitet, wenn nicht gerade Beklemmung, so jedenfalls Skepsis und Misstrauen. Der Roman betreut und behütet den Leser, die Kurzgeschichte nimmt ihn in Anspruch und liefert ihn sich selber aus. Daher lässt sich im Roman Ruhe finden, während die Kurzgeschichte in Unruhe versetzt. Von ihr werden Bedürfnisse nicht erfüllt, sondern provoziert.

Überdies stellen die Erzähler von Kurzgeschichten an die Fantasie, die Aufmerksamkeit und die Intelligenz ihres Publikums hohe Anforderungen: Wie die Autoren mit wenigen Worten eine ganze Welt zeigen wollen, so sind die Leser gezwungen, sich mit nur wenigen Anhaltspunkten und Andeutungen für jenes Bild zu begnügen, das sie sich selbst machen müssen.

Antithetik

Während der Roman ganze Städte und Landschaften ins Blickfeld rückt, lassen sich Geschichten eher mit Brücken vergleichen. Und in der Regel verbindet eine Brücke nicht etwa zwei Punkte miteinander, sondern zwei

Bild

Teil 2: Argumentation (Unterscheidung von Kurzgeschichte und Roman)

Wege. Das gilt auch für Geschichten. Wo der Weg beginnt, der zu ihnen geführt hat, kann man nicht sehen. Wohin der Weg führen wird, der am anderen Ufer anfängt, kann man nicht ahnen. Eine Geschichte beginnt also nie mit ihrem ersten Wort und schließt nie mit ihrem letzten. Zu ihr gehören die Gefühle und Gedanken, von denen sie ausgelöst wurde und die sie auslöst.

Fazit

Daher beansprucht die Kurzgeschichte ebenso vom Autor wie vom Leser die höchste Konzentration. Wer in einem Roman einen Absatz übersieht, kann hoffen, dass er das ihm Entgangene später doch noch finden werde. Denn der Romancier folgt der Aufforderung Mephistos: Du musst es dreimal sagen! Wer aber in einer Kurzgeschichte einen Absatz oder auch nur einen einzigen Satz nicht wahrnimmt, riskiert, dass sie ihm unverständlich bleibt. Eben deshalb eignet sich die Kurzgeschichte, der landläufigen Ansicht zum Trotz, weder für die Straßenbahnfahrt noch für die Frühstückspause. Wer es eilig hat, greife zu Romanen. Für Kurzgeschichten muss man Zeit haben.

5. Überschrift: Bestätigung der These

Hyperbel

Allerdings wäre nichts unsinniger, als die Kurzgeschichte gegen den Roman ausspielen zu wollen: Unsere Literatur braucht diesen ebenso wie jene. Doch wer den Kurzgeschichten wieder zum Leben verhelfen möchte, sollte auch bedenken, dass sie nicht entstehen können, wenn es an Publikationsorganen mangelt, die bereit sind, sie den Lesern zugänglich zu machen. Nicht zufällig waren die ersten deutschen Schriftsteller, die hervorragende epische Miniaturen geschrieben haben, Mitarbeiter von Zeitungen: Johann Peter Hebel und Heinrich von Kleist. Dies gilt auch für die Meister der angelsächsischen short story von Edgar Allan Poe über Mark Twain und O'Henry bis zu Hemingway.

Teil 3

Bei uns aber gibt es immer weniger Zeitschriften; und seit jenen späten Sechzigerjahren, da die Kunst rapide in Verruf geraten ist, haben die Tages- und Wochenzeitungen kaum noch Platz für erzählende Prosa. Soll man sich wundern, dass sich unter solchen Umständen die deutschen Schriftsteller fast ganz von der Kurzgeschichte abgewandt haben?

1. Notieren Sie stichwortartig, welche Kennzeichnungen des Textes in den Randnotizen und Markierungen bereits vorgenommen worden sind.

2. Ergänzen Sie weitere Eintragungen. Orientieren Sie sich ggf. an Schritt 3 der Zusammenstellung auf S. 16.

Arbeitsschritt 4: Textinhalt veranschaulichen (durch Skizze, Mindmap, Diagramm)

(1) Vervollständigen Sie die folgende Übersicht zu dem vom Verfasser angestellten Vergleich zwischen Kurzgeschichte und Roman.

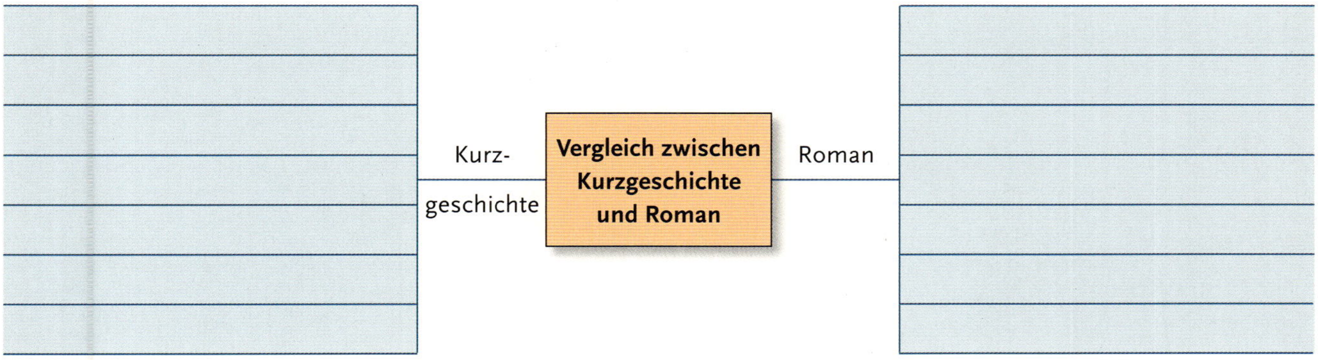

Arbeitsschritt 5: Zusammenfassen und beurteilen

(1) Fassen Sie die zentrale These des Verfassers (s. Überschrift) mithilfe der wichtigsten Argumente aus dem Text in eigenen Worten knapp zusammen. Ergänzen Sie den folgenden Anfang.

Die bereits in der Überschrift genannte zentrale These „Für Kurzgeschichten muss man Zeit haben" widerspricht der üblichen Meinung, dass ein kurzer Text auch nur kurze Zeit zum Lesen benötige.

(2) Beurteilen Sie, inwieweit Reich-Ranickis Urteil aus dem Jahre 1977 auch für die Kurzgeschichte von Peter Bichsel „San Salvador" (S. 34), erschienen im Jahre 1964, zutreffend ist.

(3) Was erscheint Ihnen an Reich-Ranickis Ausführungen weniger überzeugend? Formulieren Sie eine knappe Kritik.

Methode

Fünf-Schritte-Lesemethode

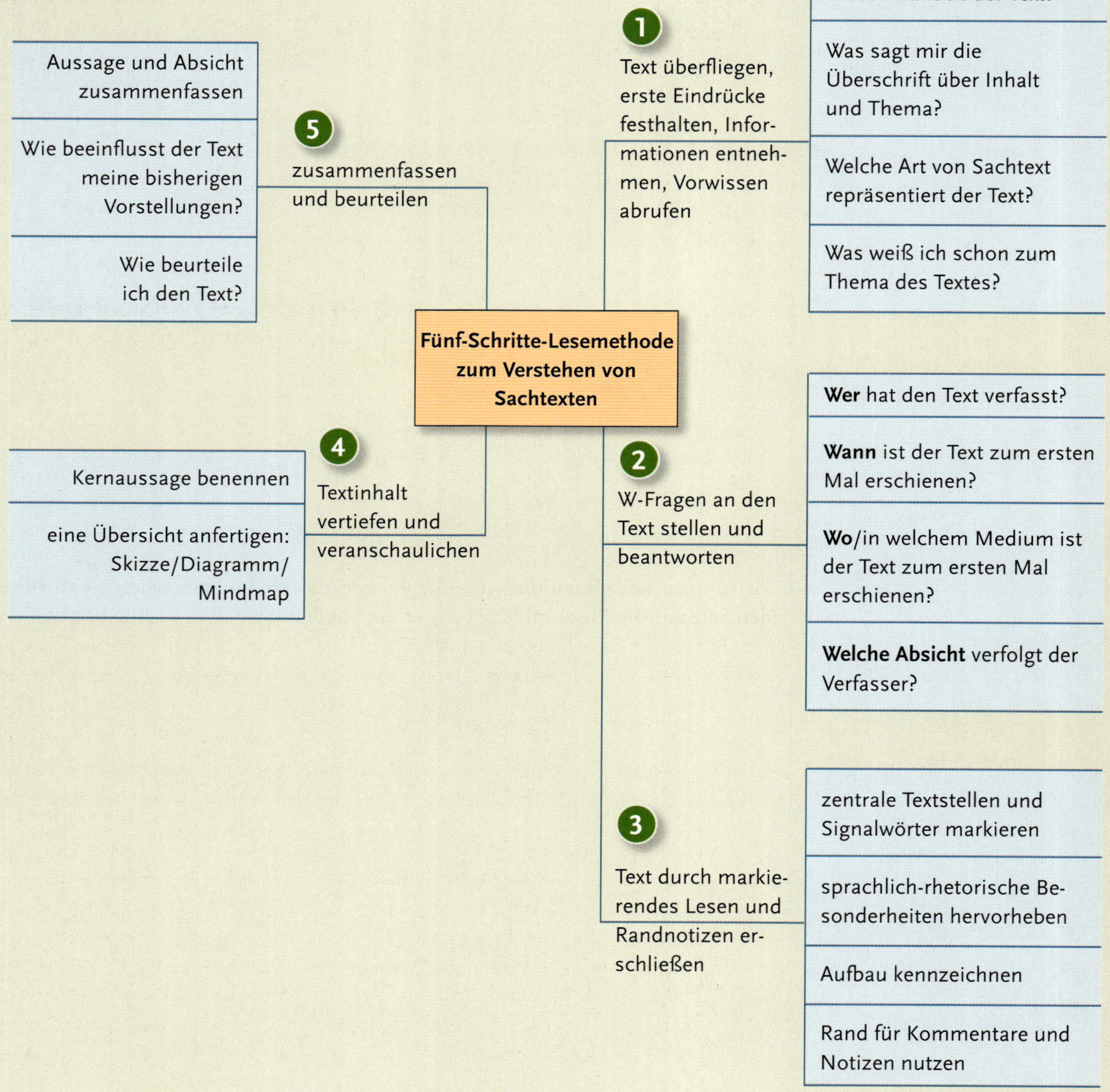

Den Entwurf einer Sachtextanalyse beurteilen und überarbeiten

Der folgende Ausschnitt aus einer Analyse des Sachtextes „Für Kurzgeschichten muss man Zeit haben“ von Marcel Reich-Ranicki (S. 13) wurde von einem Schüler verfasst. (Der Schlussteil fehlt.)

Der argumentative Sachtext, der sich an literarisch vorgebildete Leser einer bekannten Tageszeitung richtet, erschien zum ersten Mal in der FAZ vom 17. September 1977. Der Text wurde um die erste Hälfte der ursprünglichen Fassung gekürzt. Bereits die Überschrift macht deutlich, dass es in dem Artikel um die **Infragestellung** der landläufigen Meinung geht, für die Lektüre einer Kurzgeschichte brauche man nur wenig Zeit. Die Argumente zu dieser These nehmen inhaltlich einen großen Raum ein (Z. 1–Z. 52). Zu Beginn werden die Veränderungen in unserer modernen Alltagswelt dargestellt: Hast und Schnelligkeit stärkten unser „Bedürfnis nach Ruhe“ (Z. 6), Unsicherheiten unsere Sehnsucht nach Geborgenheit. Dies begünstige die Lektüre des Romans, wie es die Lektüre von Kurzgeschichten erschwere. Mit einem ausführlichen Vergleich zwischen Kurzgeschichte und Roman wird die bereits in der Überschrift genannte zentrale These argumentativ belegt. Dazu gebe ich jetzt einen kurzen Überblick:

Kurzgeschichte:

- verbreitet Beklemmung, Skepsis, Misstrauen (Z. 16 f.),
- nimmt Leser in Anspruch und versetzt ihn in Unruhe (Z. 18 ff.),
- Bedürfnisse werden provoziert, nicht erfüllt (Z. 21 f.),
- Kurzgeschichte ist wie eine Brücke, die zwei nach beiden Seiten offene Wege miteinander verbindet (Z. 30 ff.),
- stellt hohe Anforderungen an den Leser, der nur wenige Andeutungen und Anhaltspunkte erhält (Z. 25 ff.) und der sich selbst ein Bild machen muss (Z. 28 f.).

Roman:

- schafft Behaglichkeit, Vertrauen, Ruhe (Z. 14 ff.),
- betreut und behütet Leser (Z. 17 f.),
- erzählt in aller Breite und Ausführlichkeit mit inhaltlichen Wiederholungen (Z. 30 f., Z. 42 ff.).

Ab Zeile 41 bis Zeile 52 zieht der Verfasser eine Art Fazit; dieses beginnt mit der kausalen Konjunktion *daher*: „Daher beansprucht die Kurzgeschichte ebenso vom Autor wie vom Leser die höchste Konzentration.“ In einer Kurzgeschichte komme es auf jeden Absatz und jeden Satz an. Die Zusammenfassung endet mit dem Satz „Wer es eilig hat, greife zu Romanen. Für Kurzgeschichten muss man Zeit haben.“ (Z. 51 f.) Damit wird die These der Überschrift wiederholt und bestätigt. Im letzten Teil, der mit dem Wort *Allerdings* beginnt (Z. 53), verwahrt sich der Verfasser dagegen, die eine epische Form gegen die andere auszuspielen: Unsere Literatur brauche beide Formen; allerdings sei die Kurzgeschichte auf bestimmte Publikationsorgane angewiesen, zum Beispiel Tages- und Wochenzeitungen, Zeitschriften, die es heute – anders als zu Zeiten von Hebel, Kleist, Twain, O'Henry und Hemingway – immer weniger gäbe oder die keinen Platz mehr hätten für erzählende Prosa. Im Folgenden gehe ich auf die Intention und sprachliche Machart des Textes ein. Der Verfasser verfolgt die Absicht, beim Leser Denkanstöße auszulösen; hier geht es um die mögliche Änderung der Meinung des Lesers im Sinne der These, dass man für die Lektüre von Kurzgeschichten Zeit haben muss. Der Artikel aus einer Tageszeitung ist relativ einfach – man kann sagen: *populärwissenschaftlich* – geschrieben. Er enthält wenig Fachvokabular; die Namen von Kurzprosa-Autoren (Hebel, Kleist u. a.) sowie der Hinweis auf Mephisto (Z. 45) setzen allerdings einen literarisch gebildeten Leser voraus. Der Text wirkt anschaulich und ist gut lesbar. Der Autor nutzt dazu eine ganze Reihe eingängiger rhetorischer Mittel, z. B.:

- Parallelismus in der Satzgestaltung: Je ... desto (Z. 5–7); wenn nicht gerade ... so jedenfalls (Z. 14–15); Wo der Weg beginnt ... wohin der Weg führen wird (Z. 34–36)
- Doppelausdrücke und Dreierformeln: Sehnsucht nach Entspannung und Entrückung, nach Schutz, nach Geborgenheit (Z. 8–10); Roman betreut und behütet (Z. 17); Fantasie, Aufmerksamkeit und Intelligenz (Z. 24)
- Antithetik: Der epischen Kurzform *Kurzgeschichte* wird durchgehend die epische Langform *Roman* gegenübergestellt: Für die kurze Form müsse man viel Zeit haben; die lange Form sei eher „kurz“weilig zu lesen; wiederholende Gegenüberstellungen von Roman und Kurzgeschichte durch die Konjunktion *während* (Z. 20, Z. 30).
- sprachliches Bild: Kurzgeschichte wird mit einer Brücke verglichen (Z. 30 ff.).
- Hyperbel: höchste Konzentration (Z. 42); Allerdings wäre nichts unsinniger ... (Z. 53); hervorragende epische Miniaturen (Z. 60 f.)
- deutliche sprachliche Konnektoren und deiktische Ausdrücke (wie Demonstrativpronomen), die die logische Konsistenz des Textes erhöhen und dem Leser die Orientierung erleichtern: Dies (Z. 10); Schon (Z. 13); Daher (Z. 19); während (Z. 20, Z. 30); Überdies (Z. 23); Daher (Z. 41); Allerdings (Z. 53); aber (Z. 66) ...

(1) Beurteilen Sie, inwieweit der Schüler bei seiner Analyse auf die Aufgabenstellung eingegangen ist; diese lautet:
Analysieren Sie den Text; verdeutlichen Sie dabei vor allem die Argumentationsstruktur sowie Intention und sprachliche Machart.
Nutzen Sie für Ihre Beurteilung auch Einsichten, die Sie bei der eigenen Arbeit an dem Sachtext gewonnen haben (s. S. 12 ff.). Nehmen Sie Markierungen im Text vor oder machen Sie Randnotizen.

(2) Überprüfen Sie, inwieweit Zitate zur Absicherung der Befunde eingebaut worden sind. Markieren Sie entsprechend im Text.

(3) Gliedern Sie den Text, indem Sie inhaltliche Abschnitte einbauen. Markieren Sie durch einen waagerechten Strich.

(4) Beurteilen Sie die Vorgehensweise des Schülers, Zusammenfassungen (Kennzeichnungen von Roman und Kurzgeschichte, Auflistung rhetorischer Wirkungsmittel) in Form von Stichworten zu geben.

(5) An welcher Stelle seiner Analyse hat der Verfasser Informationen für den Leser (Lesersteuerung) eingebaut? Unterstreichen Sie diese Stelle(n).

(6) Bauen Sie im Sinne der Aufgabenstellung sprachliche Konnektoren (*in ähnlicher Weise, außerdem, daher, ...*) und weitere Leserhilfen in den Text ein. Informieren Sie sich dazu im Informationskasten auf Seite 19 f.
Tragen Sie die Korrekturen bzw. Ergänzungen direkt in den Text ein oder formulieren Sie im Folgenden. Leserhilfen, z. B.:

Z.

Konnektoren, z. B.:

Z. ____

____

____

7 Überprüfen Sie, inwieweit sich der Schüler in seiner Analyse an die für eine Sachtextanalyse vorgeschlagene Schrittfolge (hier kommen die Schritte 1–3 infrage) gehalten hat (s. S. 49).

8 Verfassen Sie für die Textanalyse einen Schlussteil. Wählen Sie eine der im folgenden Informationskasten angegebenen Möglichkeiten, die Sie für diesen Sachtext als geeignet ansehen.

Methode

Möglichkeiten für den Schlussteil einer Sachtextanalyse

- Man zieht ein Fazit, um das Vorhergehende auf den Punkt zu bringen; ggf. kennzeichnet man das Ergebnis der Analyse mit abstrahierenden Begriffen.
  Oder:
- Man gibt einen Rückblick, indem man die Methode des Vorgehens verdeutlicht.
  Oder:
- Man gibt ein persönliches Werturteil ab, z. B. zum Inhalt und zur Intention des Textes.
  Oder:
- Man kommt auf die Einleitung zurück, wenn darin ein erster, noch vorläufiger Verstehensansatz formuliert ist.

Information

Gliederungshilfen: Leserführung und sprachliche Konnektoren

Leserführung

Der Schreiber gibt Auskunft über sein Vorgehen, er weist auf Vorausgegangenes oder Kommendes hin, er stellt rhetorische Fragen, um das Interesse seiner Leser zu wecken oder wachzuhalten, er nimmt Ergebnisse auf und führt sie weiter. Damit wird auf den Leser Bezug genommen und diesem das Lesen und die Orientierung im Text erleichtert.
Beispiele:

- Neuen Abschnitt beginnen
  Nach dieser knappen Einleitung möchte ich ...
  Als Nächstes möchte ich auf die rhetorischen Stilmittel eingehen ...
  Nach diesem Fazit möchte ich noch ...
  Zu klären ist jetzt noch die Frage, ...
  Ein weiterer Aspekt wird deutlich im nächsten Abschnitt ...
  Ein wichtiger Untersuchungsgesichtspunkt ist auch die Frage nach ...
  Zum Schluss möchte ich überprüfen, ...
- Beispiele anführen/etwas nachweisen
  Zum Beispiel gibt der Verfasser ...
  Nachweisen lässt sich dies an Folgendem ...
  Es gibt im gesamten Text deutliche Hinweise für die Vermutung, dass ...
- Eine Schlussfolgerung ziehen
  Mein Resümee lautet ...
  Daraus ergibt sich mit einiger Schlüssigkeit ...
  Diese Details lassen sich in folgender Weise zusammenfassen ...
  Man kann daraus folgern ...

- Die eigene Meinung zum Ausdruck bringen
  Es mag zwar zutreffen, dass ..., aber man kann auch behaupten ...
  Sicherlich kann man ..., aber auch diese Deutung ...
  Aufgrund meiner Textbefunde bin ich der Meinung ...
- Rhetorische Fragen stellen
  Was ist daran besonders wichtig?
  Was fällt an der Überschrift besonders auf?
  Was ist sonst noch von Belang?

Konnektoren

Sprachliche Konnektoren können in einer Textanalyse und Texterörterung dazu dienen, Sätze und Abschnitte aufeinander zu beziehen, die Ausführungen zu verknüpfen und so die Darstellung sprachlich dichter und leserfreundlicher zu machen.

- Reihung/Ergänzung
  außerdem, sowohl als auch, im Übrigen, darüber hinaus, auch, des Weiteren, weiterhin, genauso, schließlich, daneben, das ist, beziehungsweise, zusätzlich, ein weiterer Hinweis, man sollte auch berücksichtigen, ...
- Folgerung
  dadurch, infolgedessen, so, sodass, dann, ...
- Zusammenfassung
  alles in allem, zusammengefasst, im Ganzen, insgesamt, als Fazit ergibt sich, ...
- Erläuterung
  nämlich, und zwar, das heißt, ...
- Begründung
  infolgedessen, daher, dadurch, deshalb, denn, weil, aus diesem Grund, ...
- Einschränkung
  das heißt jedoch nicht, demgegenüber ist festzustellen, obwohl, obgleich, obschon, allerdings, dennoch, andererseits, während, im Übrigen, ...
- Widerspruch/Gegensatz
  trotzdem, trotz, stattdessen, dem ist zu widersprechen, ...
- Gegenüberstellung
  einerseits – andererseits, auf der einen Seite – auf der anderen Seite, zum einen – zum anderen, nicht nur – sondern auch ..., zunächst – schließlich aber, ...
- Hervorhebung
  vor allem, besonders, sogar, in besonderer Weise, ...

Einen Sachtext verstehen und mithilfe einer Skizze visualisieren

Franz K. Stanzel

Erzählsituationen

Es sind drei *typische Erzählsituationen* zu unterscheiden:
I. *Die auktoriale Erzählsituation.* Das auszeichnende Merkmal dieser Erzählsituation ist die Anwesenheit eines persönlichen, sich in Einmengung und Kommentaren zum Erzählten kundgebenden Erzählers. Dieser Erzähler scheint auf den ersten Blick mit dem Autor identisch zu sein. Bei genauerer Betrachtung wird jedoch fast immer eine eigentümliche Verfremdung der Persönlichkeit des Autors in der Gestalt des Erzählers sichtbar. Er weiß weniger, manchmal auch mehr, als vom Autor zu erwarten wäre, er vertritt gelegentlich Meinungen, die nicht unbedingt auch die des Autors sein müssen. Dieser auktoriale Erzähler ist also eine eigenständige Gestalt, die ebenso vom Autor geschaffen worden ist wie die Charaktere des Romans. Wesentlich für den auktorialen Erzähler ist, dass er als Mittelsmann der Geschichte einen Platz sozusagen an der Schwelle zwischen der fiktiven Welt des Romans und der Wirklichkeit des Autors und des Lesers einnimmt. Die der auktorialen Erzählsituation entsprechende Grundform des Erzählens ist die berichtende Erzählweise. Die szenische Darstellung, von der auch in einem Roman mit vorherrschend auktorialer Erzählsituation ausgiebiger Gebrauch gemacht werden kann, ordnet sich im Hinblick auf die in einem auktorialen Roman gegebene Orientierungslage des Lesers der berichtenden Erzählweise unter. Das Erzählte wird durchgehend als in der Vergangenheit liegend aufgefasst, das epische Präteritum behält seine Vergangenheitsbedeutung.

II. *Die Ich-Erzählsituation* unterscheidet sich von der auktorialen Erzählsituation zunächst darin, dass hier der Erzähler zur Welt der Romancharaktere gehört. Er selbst hat das Geschehen erlebt, miterlebt oder beobachtet oder unmittelbar von den eigentlichen Akteuren des Geschehens in Erfahrung gebracht. Auch hier herrscht die berichtende Erzählweise vor, der sich die szenische Darstellung unterordnet. [...]

III. *Die personale Erzählsituation.* Verzichtet der Erzähler auf seine Einmengungen in die Erzählung, tritt er so weit hinter den Charakteren des Romans zurück, dass seine Anwesenheit dem Leser nicht mehr bewusst wird, dann öffnet sich dem Leser die Illusion, er befände sich selbst auf dem Schauplatz des Geschehens oder er betrachte die dargestellte Welt mit den Augen einer Romanfigur, die jedoch nicht erzählt, sondern in deren Bewusstsein sich das Geschehen gleichsam spiegelt. Damit wird diese Romanfigur zur *persona*, zur Rollenmaske, die der Leser anlegt. [...]
Es ist vor allem die Illusion der Unmittelbarkeit, mit welcher das dargestellte Geschehen zur Vorstellung des Lesers wird, welche als charakteristisches Merkmal der personalen Erzählsituation anzusehen ist. (1993)

1 Lesen Sie den ersten Abschnitt des Textes. Erläutern Sie knapp mit eigenen Worten die Skizze zu diesem Abschnitt.

Zur auktorialen Erzählsituation:

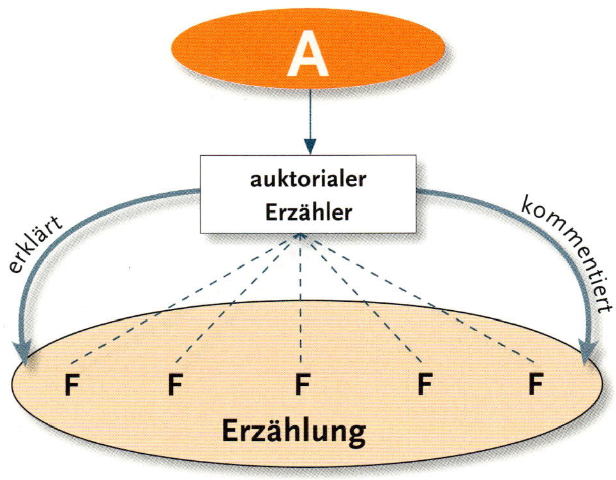

A = Autor
F = Figur (der Handlung)

2 Markieren Sie entsprechend der Skizze wichtige Signalausdrücke und -sätze im ersten Abschnitt des Textes „Erzählsituationen" von Franz K. Stanzel.

3 Markieren Sie auf ähnliche Weise wichtige Ausdrücke in den Abschnitten II und III und fassen Sie diese jeweils mithilfe einer Skizze zusammen.

Skizze zu Abschnitt II

Skizze zu Abschnitt III

4 Bestimmen Sie die Erzählhaltungen/Erzählsituationen der folgenden Anfänge von Novellen/Romanen. Ordnen Sie entsprechend zu (s. S. 24).

Heinrich von Kleist

Michael Kohlhaas

An den Ufern der Havel lebte, um die Mitte des sechzehnten Jahrhunderts, ein Rosshändler, namens *Michael Kohlhaas*, Sohn eines Schulmeisters, einer der rechtschaffensten zugleich und entsetzlichsten Menschen seiner Zeit. – Dieser außerordentliche Mann würde, bis in sein dreißigstes Jahr für das Muster eines guten Staatsbürgers haben gelten können. Er besaß in einem Dorfe, das noch von ihm den Namen führt, einen Meierhof, auf welchem er sich durch sein Gewerbe ruhig ernährte; die Kinder, die ihm sein Weib schenkte, erzog er, in der Furcht Gottes, zur Arbeitsamkeit und Treue; nicht einer war unter seinen Nachbarn, der sich nicht seiner Wohltätigkeit, oder seiner Gerechtigkeit erfreut hätte; kurz, die Welt würde sein Andenken haben segnen müssen, wenn er in einer Tugend nicht ausgeschweift hätte. Das Rechtsgefühl aber machte ihn zum Räuber und Mörder. (1810)

Theodor Storm

Viola tricolor

Es war sehr still in dem großen Hause; aber selbst auf dem Flur spürte man den Duft von frischen Blumensträußen. Aus einer Flügeltür, der breiten, in das Oberhaus hinaufführenden Treppe gegenüber, trat eine alte, sauber gekleidete Dienerin. Mit einer feierlichen Selbstzufriedenheit drückte sie hinter sich die Tür ins Schloss und ließ dann ihre grauen Augen an den Wänden entlangstreifen, als wolle sie auch hier jedes Stäubchen noch einer letzten Musterung unterziehen; aber sie nickte beifällig und warf dann einen Blick auf die alte englische Hausuhr, deren Glockenspiel eben zum zweiten Mal seinen Satz abgespielt hatte. „Schon halb!“, murmelte die Alte; „und um acht, so schrieb der Herr Professor, wollten die Herrschaften da sein!“ (1873)

Günter Grass

Die Blechtrommel

Zugegeben: ich bin Insasse einer Heil- und Pflegeanstalt, mein Pfleger beobachtet mich, läßt mich kaum aus dem Auge; denn in der Tür ist ein Guckloch, und meines Pflegers Auge ist von jenem Braun, welches mich, den Blauäugigen, nicht durchschauen kann. Mein Pfleger kann also gar nicht mein Feind sein. Liebgewonnen habe ich ihn, erzähle dem Gucker hinter der Tür, sobald er mein Zimmer betritt, Begebenheiten aus meinem Leben, damit er mich trotz des ihn hindernden Guckloches kennenlernt. (1959)

(Aus lizenzrechtlichen Gründen folgt dieser Text nicht der reformierten Rechtschreibung.)

	Erzählsituation (I – III)	Merkmale (a – i)
„Michael Kohlhaas“		
„Viola tricolor“		
„Die Blechtrommel“		

Merkmale

a) keine vermittelnde Instanz
b) Leser verfällt der Illusion, selbst am Schauplatz der Handlung zu sein
c) Allwissenheit des Erzählers
d) gehört als Figur neben den anderen Figuren zum Figureninventar und zum Handlungszusammenhang
e) Annäherung an Wirklichkeitsbericht, oft Form des Tagesbuchs, Briefes
f) Erzählereinmischungen, wie Anrede des Lesers oder reflektierende Abschweifungen
g) Anschein, dass eigene Erfahrungen erzählt werden
h) Einblick ins Innere einer Figur
i) Eindruck der Unmittelbarkeit durch Verwendung direkter Rede

5 Nennen Sie in knapper Form Typisches im jeweiligen Text.

„Michael Kohlhaas“: ______________________________

____

„Viola tricolor“: ______________________________

____

„Die Blechtrommel“: ______________________________

____

6 Bestimmen Sie die Erzählsituation (nach Franz K. Stanzel) für die folgenden Texte: Peter Bichsel: San Salvador (S. 34), Julia Franck: Streuselschnecke (S. 25).

Literarische Texte

Den Inhalt eines literarischen Textes wiedergeben

Julia Franck

Streuselschnecke

1. Anruf (Z. 1–9)

Der Anruf kam, als ich vierzehn war. Ich wohnte seit einem Jahr nicht mehr bei meiner Mutter und meinen Schwestern, sondern bei Freunden in Berlin. Eine fremde Stimme meldete sich, der Mann nannte seinen Namen, sagte mir, er lebe in Berlin, und fragte, ob ich ihn kennenlernen wolle. Ich zögerte, ich war mir nicht sicher. Zwar hatte ich schon viel über solche Treffen gehört und mir oft vorgestellt, wie so etwas wäre, aber als es so weit war, empfand ich eher Unbehagen.

2. Gemeinsamkeiten: Café, Kino, Restaurant (Z. 10–17)

Wir verabredeten uns. Er trug Jeans, Jacke und Hose. Ich hatte mich geschminkt. Er führte mich ins Café Richter am Hindemithplatz und wir gingen ins Kino, ein Film von Rohmer. Unsympathisch war er nicht, eher schüchtern. Er nahm mich mit ins Restaurant und stellte mich seinen Freunden vor. Ein feines, ironisches Lächeln zog er zwischen sich und die anderen Menschen. Ich ahnte, was das Lächeln verriet.

Einige Male durfte ich ihn bei seiner Arbeit besuchen. Er schrieb Drehbücher und führte Regie bei Filmen. Ich fragte mich, ob er mir Geld geben würde, wenn wir uns treffen, aber er gab mir keins, und ich traute mich nicht, danach zu fragen. Schlimm war das nicht, schließlich kannte ich ihn kaum, was sollte ich da schon verlangen? Außerdem konnte ich für mich selbst sorgen, ich ging zur Schule und putzen und arbeitete als Kindermädchen. Bald würde ich alt genug sein, um als Kellnerin zu arbeiten, und vielleicht würde ja auch noch eines Tages etwas Richtiges aus mir.

Zwei Jahre später, der Mann und ich waren uns immer noch etwas fremd, sagte er mir, er sei krank. Er starb ein Jahr lang, ich besuchte ihn im Krankenhaus und fragte, was er sich wünsche. Er sagte mir, er habe Angst vor dem Tod und wolle es so schnell wie möglich hinter sich bringen. Er fragte mich, ob ich ihm Morphium besorgen könne. Ich dachte nach, ich hatte einige Freunde, die Drogen nahmen, aber keinen, der sich mit Morphium auskannte. Auch war ich mir nicht sicher, ob die im Krankenhaus herausfinden wollten und würden, woher es kam. Ich vergaß seine Bitte.

Manchmal brachte ich ihm Blumen. Er fragte nach dem Morphium, und ich fragte ihn, ob er sich Kuchen wünsche, schließlich wusste ich, wie gerne er Torte aß. Er sagte, die einfachen Dinge seien ihm jetzt die liebsten – er wolle nur Streuselschnecken, nichts sonst. Ich ging nach Hause und buk Streuselschnecken, zwei Bleche voll. Sie waren noch warm, als ich sie ins Krankenhaus brachte. Er sagte, er hätte gerne mit mir gelebt, es zumindest gern versucht, er habe immer gedacht, dafür sei noch Zeit, eines Tages – aber jetzt sei es zu spät.

Kurz nach meinem siebzehnten Geburtstag war er tot. Meine kleine Schwester kam nach Berlin, wir gingen gemeinsam zur Beerdigung. Meine Mutter kam nicht. Ich nehme an, sie war mit anderem beschäftigt, außerdem hatte sie meinen Vater zu wenig gekannt und nicht geliebt. (2000)

Übertreibung

Lakonisch II Ebene
nicht zeigen, aber beschreiben
6

1 Lesen Sie den Text aufmerksam und beantworten Sie die folgenden Fragen:

- Wer sind die beiden Hauptpersonen, die zu den handelnden Figuren des Textes zählen?

Das zunächst 14 jährige Mädchen und ihr Vater.

- Welche Personen werden nur kurz erwähnt?

Die Freunde des Mädchens, die Freunde des Vaters die Mutter und die Schwester.

- Wo, in welchem Ort, spielt der Text?

In Berlin

- Bei wem lebt das Mädchen?

Bei Freunden von ihr

- Welchen Handlungszeitraum umfasst der Text?

3 Jahre

- Worum geht es? Füllen Sie die folgenden Lücken aus.

Ein vierzehnjähriges Mädchen lernt ihren Vater kennen. Nach 3 Jahren des Kennenlernens begleitet sie ihn bei seinem langen Sterben. Kurz vor seinem Tod sagt er ihr, er hätte gern mit ihr gelebt, aber jetzt sei keine Zeit mehr. Sie erfüllt ihm seinen letzten Wunsch und backt für ihn Streuselschnecken.

- Was erfährt der Leser über die Mutter des Mädchens?

Sie hatte zwar 2 Kinder mit ihm, hat aber den Vater des Mädchens nie wirklich geliebt.

2 Aktivieren Sie Ihr Vorwissen über Kurzgeschichten. Was halten Sie in diesem Text für textartentypisch?

Wendepunkt der Geschichte erst am Schluss, Andeutungen unbewusster Anfang

3 Ergänzen Sie im Text Markierungen im Sinne der oben erarbeiteten Zusammenhänge. Nutzen Sie auch die Möglichkeit von Randnotizen.

Für eine schriftliche Inhaltsangabe eines literarischen Textes sind die folgenden Gesichtspunkte zu berücksichtigen:

Information

Die schriftliche Inhaltsangabe

Bei der schriftlichen Inhaltsangabe eines erzählenden und handlungsintensiven Textes geht es darum, den Leser über wichtige Zusammenhänge (wie Thematik, Handlungsabfolge, Personen, Ort, Zeit) zu informieren. Der Leser erwartet eine objektive, neutrale Darstellung ohne Wertungen und persönliche Ansichten. Der Inhalt wird mit eigenen Worten in der 3. Person und im Präsens (bei Vorzeitigkeit: Perfekt) wiedergegeben. Direkte, wörtliche Rede wird in indirekter Rede wiedergegeben.
Eine Inhaltsangabe kann man in folgender Weise gliedern:

Einleitung
Titel, Autor, Erscheinungsjahr, Textart, knappe Zusammenfassung von Thematik/Inhalt
Hauptteil
Detailinformationen über die bereits in der Inhaltsangabe erwähnten Zusammenhänge, Orientierung an der Chronologie der Handlungsschritte: Ablauf der Handlung, Personen und ihre Beziehungen, Ort und Zeit der Handlung
Schlussteil
Nicht immer ist ein Schlussteil notwendig, weil oft schon im Hauptteil eine Zusammenfassung gegeben worden ist. Möglich ist z. B. eine knappe Formulierung zur Aussage des Textes.

Die folgende Inhaltsangabe stammt von einer Schülerin:

Inhaltsangabe zu Julia Franck: Streuselschnecke
Die im Jahre 2000 erschienene Kurzgeschichte „Streuselschnecke“ von Julia Franck spielt in Berlin. Es geht darum, dass die Ich-Erzählerin als 14-Jährige ihren Vater kennenlernt und sein ein Jahr währendes Sterben begleitet. Die Handlung beginnt damit, dass die Ich-Erzählerin, die mehrere Schwestern hat und seit einem Jahr nicht mehr bei der Mutter lebt, sondern bei Freunden in Berlin, von ihrem Vater einen Anruf erhält, um ein gegenseitiges Kennenlernen in die Wege zu leiten. Es kommt zu einer Verabredung in einem

Café und zu einem gemeinsamen Kinobesuch. In einem Restaurant stellt er sie seinen Freunden vor. Sie erfährt bei weiteren Besuchen, dass er Drehbuchautor und Regisseur ist. Allerdings traut sie sich nicht, ihn um Geld zu bitten, da sie sich noch sehr fremd sind. Sie macht sich klar, dass sie für sich selbst sorgen kann, indem sie zur Schule geht und Geld durch Putzen oder als Kindermädchen verdient. Auch nach zwei Jahren – so betont die Ich-Erzählerin – seien sie sich noch etwas fremd geblieben. Er offenbart ihr schließlich, er sei krank, und bittet sie um Morphium, weil er Angst vor einem langsamen Tod habe. Sie ignoriert diese Bitte, besucht ihn im Krankenhaus, bringt ihm Blumen und erlebt sein langsames Sterben. Auf ihre Frage, ob er Kuchen möchte, bittet er sie um Streuselschnecken mit der Bemerkung, „die einfachsten Dinge seien ihm jetzt die liebsten" (Z. 43). Sie backt daraufhin zwei Bleche Streuselschnecken und bringt sie ihm ins Krankenhaus. Er gesteht ihr, dass er gern mit ihr gelebt hätte, aber es nun zu spät sei. Kurz nach ihrem 17. Geburtstag stirbt der Vater. Ihre kleine Schwester begleitet sie zur Beerdigung des Vaters. Von der Mutter sagt die Erzählerin, sie sei beschäftigt; sie habe ihren Vater zu wenig gekannt und nicht geliebt. Der besondere Reiz dieser Kurzgeschichte liegt vor allem darin, dass der Leser erst am Schluss erfährt, dass der Mann der Vater der Ich-Erzählerin ist, was sicher ganz typisch für den Schluss einer Kurzgeschichte ist.

4. Lesen Sie die Inhaltsangabe der Schülerin aufmerksam durch. Beurteilen Sie, inwieweit die Kriterien im Info-Kasten (S. 27) berücksichtigt worden sind. Unterstreichen Sie im Text oder notieren Sie am Rand, z. B.: Was? Wer? Wo? Wie lange?

5. Gliedern Sie den Text in die drei Hauptteile; kennzeichnen Sie diese im Text durch folgendes Zeichen: ⌐

6. Beurteilen Sie die sprachliche Gestaltung. Markieren Sie im Text Konjunktionen und Relativpronomen (Satzgefüge!), mit denen vor allem die logische Verknüpfung von Handlungsteilen und Inhaltszusammenhängen verdeutlicht wird. Beachten Sie dazu den folgenden Info-Kasten:

Information

In Inhaltsangaben lassen sich inhaltliche und logische Zusammenhänge mithilfe von Satzgefügen (Verbindungen von Haupt- und Nebensätzen) besonders gut wiedergeben.

- Nebensätze können Relativsätze sein.
  Beispiel: Die Vierzehnjährige, *die nicht mehr bei ihrer Mutter, sondern bei Freunden in Berlin wohnt,* erhält eines Tages einen Anruf ...
- Nebensätze können auch – als konjunktionale Nebensätze – durch Konjunktionen eingeleitet werden, die unterschiedliche Bedeutungszusammenhänge zum Ausdruck bringen: Grund (*weil*), Gegensatz (*obgleich*), Zeit (*während, als, nachdem*).
  Beispiel: *Weil das Mädchen ihren Vater kaum kennt,* traut sie sich nicht, ihn um Geld zu bitten.

Wichtig sind für den sprachlichen Zusammenhang einer Inhaltsangabe auch Gliederungssignale wie *schließlich, dann, darauf, allerdings, außerdem ...*

Weitere Trainingsmöglichkeit

Visualisieren Sie die Inhaltsstruktur der folgenden Kurzgeschichte „Ein netter Kerl" von Gabriele Wohmann, indem Sie die Skizze ausfüllen (S. 30).

Fassen Sie danach den Inhalt der Kurzgeschichte in schriftlicher Form zusammen; beachten Sie die auf Seite 27 und oben genannten Kriterien.

Gabriele Wohmann

Ein netter Kerl

Ich habe ja so wahnsinnig gelacht, rief Nanni in einer Atempause. Genau wie du ihn beschrieben hast, entsetzlich.

Furchtbar fett für sein Alter, sagte die Mutter. Er sollte vielleicht Diät essen. Übrigens, Rita, weißt du, ob er ganz gesund ist?

Rita setzte sich gerade und hielt sich mit den Händen am Sitz fest. Sie sagte: Ach, ich glaub schon, daß er gesund ist. Genau wie du es erzählt hast, weich wie ein Molch, wie Schlamm, rief Nanni. Und auch die Hand, so weich.

Aber er hat dann doch auch wieder was Liebes, sagte Milene, doch, Rita, ich finde, er hat was Liebes, wirklich.

Na ja, sagte die Mutter, beschämt fing auch sie wieder an zu lachen; recht lieb, aber doch gräßlich komisch. Du hast nicht zu viel versprochen, Rita, wahrhaftig nicht. Jetzt lachte sie laut heraus. Auch hinten im Nacken hat er schon Wammen, wie ein alter Mann, rief Nanni. Er ist ja so fett, so weich, so weich! Sie schnaubte aus der kurzen Nase, ihr kleines Gesicht sah verquollen aus vom Lachen.

Rita hielt sich am Sitz fest. Sie drückte die Fingerkuppen fest ans Holz.

Er hat so was Insichruhendes, sagte Milene. Ich find ihn so ganz nett, Rita, wirklich, komischerweise.

Nanni stieß einen winzigen Schrei aus und warf die Hände auf den Tisch; die Messer und Gabeln auf den Tellern klirrten.

Ich auch, wirklich, ich find ihn auch nett, rief sie. Könnt ihn immer ansehen und mich ekeln.

Der Vater kam zurück, schloß die Eßzimmertür, brachte kühle nasse Luft mit hinein. Er war ja so ängstlich, daß er seine letzte Bahn noch kriegt, sagte er. So was von ängstlich.

Er lebt mit seiner Mutter zusammen, sagte Rita.

Sie platzten alle heraus, auch Milene. Das Holz unter Ritas Fingerkuppen wurde klebrig. Sie sagte: Seine Mutter ist nicht ganz gesund, soviel ich weiß.

Das Lachen schwoll an, türmte sich vor ihr auf, wartete und stürzte sich dann herab, es spülte über sie weg und verbarg sie: lang, genug für einen kleinen Frieden.

Als erste brachte die Mutter es fertig, sich wieder zu fassen.

Nun aber Schluß, sagte sie, ihre Stimme zitterte, sie wischte mit einem Taschentuchklümpchen über die Augen und die Lippen. Wir können ja endlich mal von was anderem reden.

Ach, sagte Nanni, sie seufzte und rieb sich den kleinen Bauch, ach, ich bin erledigt, du liebe Zeit. Wann kommt die große fette Qualle denn wieder, sag, Rita, wann denn? Sie warteten alle ab.

Er kommt von jetzt an oft, sagte Rita. Sie hielt den Kopf aufrecht.

Ich habe mich verlobt mit ihm.

Am Tisch bewegte sich keiner. Rita lachte versuchsweise und dann konnte sie es mit großer Anstrengung lauter als die anderen und sie rief: Stellt euch das doch bloß mal vor: mit ihm verlobt! Ist das nicht zum Lachen!

Sie saßen gesittet und ernst und bewegten vorsichtig Messer und Gabeln.

He, Nanni, bist du mir denn nicht dankbar, mit der Qualle hab ich mich verlobt, stell dir das doch mal vor! Er ist ja ein netter Kerl, sagte der Vater. Also höflich ist er, das muß man ihm lassen.

Ich könnte mir denken, sagte die Mutter ernst, daß er menschlich angenehm ist, ich meine, als Hausgenosse oder so, als Familienmitglied. Er hat keinen üblen Eindruck auf mich gemacht, sagte der Vater.

Rita sah sie alle behutsam dasitzen, sie sah gezähmte Lippen. Die roten Flecken in den Gesichtern blieben noch eine Weile.

Sie senkten die Köpfe und aßen den Nachtisch. (1978)

(Aus lizenzrechtlichen Gründen folgt dieser Text nicht der reformierten Rechtschreibung.)

1. Teil

Nanni:

Milene:

Mutter:

Vater:

Ritas Bekannter

2. Teil

Ritas Verlobter

Vater:

Mutter:

Produktionsorientiert interpretieren: durch Eingreifen einen Text deuten

Methode

Produktionsorientiertes Interpretieren

Auch durch Umschreiben, Weiterschreiben oder Neuschreiben eines Textes kann – außer durch die übliche Analyse – ein Textverstehen erreicht werden. Man erhält so z. B. die Möglichkeit,

- vom Autor nicht näher ausgeführte „Leerstellen“ bzw. Andeutungen im Text auszufüllen,
- die psychische Lage einer Figur des Textes zu erkunden,
- mit der Erzählsituation/der Erzählhaltung/Erzählperspektive zu experimentieren und so den Zusammenhang von sprachlicher Form und Rolle des Erzählers zu verdeutlichen.

Man unterscheidet dabei

- innertextliche Ergänzungen,
- außertextliche Ergänzungen.

In jedem Fall ist ein solches Schreiben nie Selbstzweck, sondern dient der Deutung des authentischen Textes. Dabei kann man

- eine Fortsetzung des Textes verfassen,
- einen Gegentext verfassen, um eine darstellerische Entscheidung des Verfassers zu ändern und diese Änderung und deren Wirkung mit dem Ausgangstext vergleichen,
- einen im Ausgangstext nicht ausgeführten oder nur kurz angedeuteten Monolog oder Dialog verfassen, um die Motive von Figuren zu ergründen,
- einen Figurenbrief oder einen Tagebucheintrag verfassen, um die Betroffenheit einer Figur zu verdeutlichen,
- einen Textartenwechsel vornehmen, d. h., das Geschehen von einer neuen Figur in anderer Form darstellen lassen.

1 Lesen Sie den Text „Streuselschnecke“ von Julia Franck (S. 25) genau; füllen Sie den folgenden Lückentext aus.

Ein ______________________ Mädchen erhält von ihrem ihr bislang ______________ ________ Vater einen ____________________, um ein gegenseitiges Kennenlernen in die Wege zu leiten. Auch nach zwei ______________________ sind sich die beiden noch immer ein wenig ____________________. Der Vater wird ______________; die Tochter begleitet das lange ________________________ des Vaters. Sie ignoriert seine Bitte nach ____________________, erfüllt ihm vor seinem Tod aber einen besonderen Wunsch: ____________________________.

2 Handlung und Inhalt des Textes werden dem Leser durch einen Ich-Erzähler vermittelt. Kreuzen Sie an, welche Merkmale für diese Erzählerrolle typisch sind.

- ☐ spricht den Leser direkt an
- ☐ kennzeichnet übergenau das Innenleben von Figuren
- ☐ überblickt den zeitlichen Ablauf und hat Einblick in das Innenleben aller Figuren
- ☐ distanziert sich nicht von dem Erzählten, sondern ist als eine Figur Teil der erzählten Handlung

- ☐ steht außerhalb der Handlung und gibt kommentierende Hinweise zum Text
- ☐ wählt eine bestimmte Form der Personenrede, um eine gewisse Distanzierung zu erreichen
- ☐ Annäherung an Wirklichkeitsbericht
- ☐ erzählt Vergangenes, auch um den Anschein zu erwecken, dass das Erzählte auf eigenen Erfahrungen beruht
- ☐ wählt eine bestimmte Form der Personenrede, um den Eindruck der Unmittelbarkeit zu erreichen

Mit dem folgenden Text hat eine Schülerin einen Teil des Ausgangstextes „Streuselschnecke“ (S. 25) umgeschrieben.

... Sie betrat das Krankenzimmer, mit der linken Hand machte sie die Tür auf, mit der rechten trug sie die mit einer Folie abgedeckten Bleche. Im Innern des Raumes schob sie mit dem Oberarm die Tür zu. Er lag allein in dem weiß getünchten Raum. Sein Bett stand vor dem Fenster, das halb offen war; vor dem Fenster sah man Grün; Vogelgezwitscher drang herein. Über dem Bett hing ein Bild in warmer, erdbrauner Farbe. Es zeigte eine Blume. Er lag im Bett, mit weißem, schmalem Gesicht, schaute sie mit großen, wachen Augen an. Sie stellte die Bleche auf das Tischchen zur Rechten des Bettes. Die Blumen von gestern standen noch darauf. Sie nahm das Papier von den Blechen. „Für dich gebacken“, meinte sie mit leiser Stimme, „sie sind noch warm ... und Kuchen, das weiß ich ja, isst du doch so gern!“ Sie trat an sein Bett, berührte leicht seine rechte Hand. Jetzt blickte er sie aus dankbaren Augen an, berührte ebenfalls ihre Hand. „Danke, Kati!“ Und dann, ganz leise, stockend: „Ich hätte so gern mit dir gelebt ... Zumindest hätte ich es gern versucht. Zwei Jahre, das ist fast nichts zum Kennenlernen ... Ich habe mir die zwei Jahre immer gedacht: So etwas braucht Zeit ..., und eines Tages, da kennen wir uns dann ganz genau ..., aber leider ist es jetzt zu spät ... Danke für die Streuselschnecken ..., danke, liebe Kati!“

(3) Wie wirkt diese Darstellung im Vergleich zur ursprünglichen Fassung? Streichen Sie durch, was Ihrer Meinung nach nicht zutrifft.

- Darstellung erinnert an Regieanweisungen und szenische Darbietung des Theaters.
- Der Erzähler mischt sich mit erklärenden oder kommentierenden Bemerkungen ein.
- Der Leser verfällt der Illusion, selbst dabei zu sein.
- Bestimmte Form der Personenrede unterstreicht den Eindruck der Unmittelbarkeit.
- Der Erzähler vermittelt dem Leser in direkter Form das Geschehen, indem er ihn anspricht.

(4) Bestimmen Sie für den Ausgangstext und den von der Schülerin verfassten Text die Erzählhaltung. Informieren Sie sich dazu über die unterschiedlichen Erzählerrollen/Erzählhaltungen (nach der Theorie von Franz K. Stanzel, S. 21).

	Ausgangstext	**Schülertext**
Personale Erzählhaltung		
Auktoriale Erzählhaltung		
Ich-Erzählhaltung		

(5) Welche Gründe könnte es dafür geben, dass die Verfasserin der Kurzgeschichte „Streuselschnecke“ die entsprechende Erzählhaltung gewählt hat? Denken Sie daran, dass der Text ein typischer Text der Gegenwartsliteratur ist.

Weitere Trainingsmöglichkeit

1. Verfassen Sie einen Tagebucheintrag des Ich-Erzählers. Wählen Sie dazu eine der folgenden Textstellen und füllen Sie diese aus.
   - „[...] als es so weit war, empfand ich eher Unbehagen.“ (Z. 8 f.)
   - „Ich ahnte, was das Lächeln verriet.“ (Z. 16 f.)
   - „Ich nehme an, sie war mit anderem beschäftigt, außerdem hatte sie meinen Vater zu wenig gekannt und nicht geliebt.“ (Z. 52 ff.)
2. Begründen Sie knapp, inwiefern der neue Text zur Erzählsituation/Erzählhaltung des Textes passt und welche Funktion der neue Text für das Verstehen der Motive/Gefühle der Hauptperson hat.

Einen literarischen Text mithilfe von Fragen erschließen; einen Entwurf überarbeiten

Peter Bichsel

San Salvador[1]

Er hatte sich eine Füllfeder gekauft.

Nachdem er mehrmals seine Unterschrift, dann seine Initialen, seine Adresse, einige Wellenlinien, dann die Adresse seiner Eltern auf ein Blatt gezeichnet hatte, nahm er einen neuen Bogen, faltete ihn sorgfältig und schrieb: „Mir ist es hier zu kalt“, dann, „ich gehe nach Südamerika“, dann hielt er inne, schraubte die Kappe auf die Feder, betrachtete den Bogen und sah, wie die Tinte eintrocknete und dunkel wurde (in der Papeterie garantierte man, dass sie schwarz werde), dann nahm er seine Feder erneut zur Hand und setzte noch großzügig seinen Namen Paul darunter.

Dann saß er da.

Später räumte er die Zeitungen vom Tisch, überflog dabei die Kinoinserate, dachte an irgendetwas, schob den Aschenbecher beiseite, zerriss den Zettel mit den Wellenlinien, entleerte seine Feder und füllte sie wieder. Für die Kinovorstellung war es jetzt zu spät.

Die Probe des Kirchenchores dauert bis neun Uhr, um halb zehn würde Hildegard zurück sein. Er wartete auf Hildegard. Zu all dem Musik aus dem Radio. Jetzt drehte er das Radio ab.

Auf dem Tisch, mitten auf dem Tisch, lag nun der gefaltete Bogen, darauf stand in blauschwarzer Schrift sein Name Paul.

„Mir ist es hier zu kalt“, stand auch darauf.

Nun würde also Hildegard heimkommen, um halb zehn. Es war jetzt neun Uhr. Sie läse seine Mitteilung, erschräke dabei, glaubte wohl das mit Südamerika nicht, würde dennoch die Hemden im Kasten zählen, etwas müsste ja geschehen sein.

Sie würde in den „Löwen“ telefonieren.

Der „Löwe“ ist mittwochs geschlossen.

Sie würde lächeln und verzweifeln und sich damit abfinden, vielleicht.

Sie würde sich mehrmals die Haare aus dem Gesicht streichen, mit dem Ringfinger der linken Hand beidseitig der Schläfe entlangfahren, dann langsam den Mantel aufknöpfen.

Dann saß er da, überlegte, wem er einen Brief schreiben könnte, las die Gebrauchsanweisung für den Füller noch einmal – leicht nach rechts drehen –, las auch den französischen Text, verglich den englischen mit dem deutschen, sah wieder seinen Zettel, dachte an Palmen, dachte an Hildegard.

Saß da.

Und um halb zehn kam Hildegard und fragte: „Schlafen die Kinder?“

Sie strich sich die Haare aus dem Gesicht. (1964)

---

[1] San Salvador (übersetzt: heiliger Erretter) heißt die Hauptstadt des mittelamerikanischen Staates El Salvador; ebenso Name einer Bahamainsel, auf der Kolumbus am 12.10.1492 landete und erstmals amerikanischen Boden betrat.

Deutungshypothesen benennen und formulieren

1 Lesen Sie den Text in überfliegender Form. Versuchen Sie einen ersten Deutungsansatz, indem Sie ankreuzen, um welche Themenschwerpunkte es in diesem Text gehen könnte.

- [ ] Paul ist mit seinen Kindern allein zu Haus; seine Frau Hildegard ist nicht da.
- [ ] Paul ergeht sich in Fluchtfantasien, die er aber nicht in die Tat umsetzt.
- [ ] Paul fühlt sich einsam, weil er in seinem gegenwärtigen Alltagsleben keinen Sinn mehr sieht.
- [ ] Paul stellt sich die Reaktionen seiner Frau vor, wenn er nicht mehr da wäre.
- [ ] Pauls Beziehung zu seiner Ehefrau ist erkaltet; er sehnt sich nach Wärme.
- [ ] Paul schreibt wiederholt seinen Namen aufs Papier; diese Beschäftigung wirkt gelangweilt, eintönig und sinnlos.

2 Lesen Sie den Text noch einmal genau, möglicherweise mehrmals; formulieren Sie im Hinblick auf Pauls Verhalten Warum-Fragen, die die Mehrdeutigkeit der Zusammenhänge verdeutlichen.

Warum will Paul fort? ______________________________

____

____

____

____

____

____

Den Text markieren

Peter Bichsel

San Salvador

Überschrift: symbolisch? (Errettung? Aufbruch in eine andere Welt?)

Er hatte sich eine Füllfeder gekauft.

Nachdem er mehrmals seine Unterschrift, dann seine Initialen, seine Adresse, einige Wellenlinien, dann die Adresse seiner Eltern auf ein Blatt gezeichnet hatte, nahm er einen neuen Bogen, faltete ihn sorgfältig und schrieb: „Mir ist es hier zu kalt“, dann, „ich gehe nach Südamerika“, dann hielt er inne, schraubte die Kappe auf die Feder, betrachtete den Bogen und sah, wie die Tinte eintrocknete und dunkel wurde (in der Papeterie garantierte man, dass sie schwarz werde), dann nahm er seine Feder erneut zur Hand und setzte noch großzügig seinen Namen Paul darunter.

Dann saß er da.

Später räumte er die Zeitungen vom Tisch, überflog dabei die Kinoinserate, dachte an irgendetwas, schob den Aschenbecher beiseite, zerriss den Zettel mit den Wellenlinien, entleerte seine Feder und füllte sie wieder. Für die Kinovorstellung war es jetzt zu spät.

Die Probe des Kirchenchores dauert bis neun Uhr, um halb zehn würde Hildegard zurück sein. Er wartete auf Hildegard. Zu all dem Musik aus dem Radio. Jetzt drehte er das Radio ab.

Auf dem Tisch, mitten auf dem Tisch, lag nun der gefaltete Bogen, darauf stand in blau-schwarzer Schrift sein Name Paul.

„Mir ist es hier zu kalt“, stand auch darauf.

Nun würde also Hildegard heimkommen, um halb zehn. Es war jetzt neun Uhr. Sie läse seine Mitteilung, erschräke dabei, glaubte wohl das mit Südamerika nicht, würde dennoch die Hemden im Kasten zählen, etwas müsste ja geschehen sein.

Sie würde in den „Löwen“ telefonieren.

Der „Löwe“ ist mittwochs geschlossen.

Sie würde lächeln und verzweifeln und sich damit abfinden, vielleicht.

Sie würde sich mehrmals die Haare aus dem Gesicht streichen, mit dem Ringfinger der linken Hand beidseitig der Schläfe entlangfahren, dann langsam den Mantel aufknöpfen.

Vorstellung: innere Rede

Anapher

Dann saß er da, überlegte, wem er einen Brief schreiben könnte, las die Gebrauchsanweisung für den Füller noch einmal – leicht nach rechts drehen –, las auch den französischen Text, verglich den englischen mit dem deutschen, sah wieder seinen Zettel, dachte an Palmen, dachte an Hildegard.

Saß da.

Und um halb zehn kam Hildegard und fragte: „Schlafen die Kinder?“

Sie strich sich die Haare aus dem Gesicht.

1 Konzentrieren Sie sich zunächst auf die Markierungen und Randnotizen des Textes. Fassen Sie diese in einem kurzen beschreibenden Text (Präsens!) zusammen.

2 Welche der oben gestellten Warum-Fragen werden hier bereits beantwortet?

Methode

Textmarkierung

- *Randzeichen*, z. B.:
  ? – fraglich, unklar,
  ! – zentraler Gedanke,
  1., 2., – Nummerierung (z. B. von Inhaltsabschnitten)
- *Markierungen* im Text , z. B.:
  unterstreichen, einkästeln, unterschlängeln, farbig unterstreichen (inhaltlich wichtige Textstelle, auffallendes sprachlich-rhetorisches Mittel, typisch für Textart, typisch für Autor und seine Zeit, ...), Verbindungslinie (hebt Zusammenhänge hervor)
- *weitere Kommentare am Rand*, z. B.:
  Kern. – Kernstelle/Einl. – Einleitung/Haupt. – Hauptteil/Schl. – Schluss/T. – These/Arg. – Argument/Bsp. – Beispiel/Faz. – Fazit/Spr. – Sprache/Rhet. – Rhetorisches Mittel

3 Ergänzen Sie (im zweiten Teil) des Textes eigene Markierungen und Notizen.

4 Beurteilen Sie, inwieweit der Text typisch für eine Kurzgeschichte ist. Lesen Sie dazu zunächst den Informationstext (S. 38).

Information

Allgemeine Merkmale der modernen Kurzgeschichte

Die folgende Zusammenfassung nennt allgemeine, idealtypische Merkmale der Kurzgeschichte (nicht alle diese Merkmale treffen deshalb auf einen einzelnen Text zu).

- Darstellung eines knappen Ausschnitts aus dem Alltag, in dem sich brennpunktartig Zeittypisches widerspiegelt
- Reduktion der Figurenkennzeichnung; es bleibt bei Andeutungen
- Handlung ist einlinig, nicht verzweigt
- Verzicht auf Vor- und Nachgeschichte; abrupter Anfang, offener Schluss
- Elliptische Erzähltechnik: Konzentration auf das Detail und Mittel der Aussparung; Verdichtung durch Symbolik und Leitmotiv
- Zielt auf Alltagsleser und dessen unmittelbare Gegenwart
- Leser soll zum Mitdenken motiviert und aktiviert werden; er ist aufgefordert, Motive der Figuren aus Andeutungen zu entschlüsseln
- Verdeutlicht Weltbild der Moderne; das handelnde Subjekt ist oft nicht mehr in der Lage, die Welt als sinnerfülltes Ganzes zu erfahren bzw. die auftretenden Probleme zu bewältigen
- Texte weisen Brüche und Verfremdungen auf, die zur Irritation des Lesers beitragen

Einen Schülerentwurf überarbeiten

Dem im Folgenden abgedruckten schriftlichen Entwurf der Textanalyse einer Schülerin liegt folgender **Arbeitsauftrag** zugrunde:

Analysieren Sie die Kurzgeschichte „San Salvador“ von Peter Bichsel.

a) Konzentrieren Sie sich vor allem auf das Verhalten der Hauptfigur – und damit korrespondierend – auf die sprachliche Eigenart des Textes.

b) Berücksichtigen Sie bei Ihrem Deutungsversuch folgende Aussage von Peter Bichsel: „Während ich Geschichten erzähle, beschäftige ich mich nicht mit der Wahrheit, sondern mit den Möglichkeiten der Wahrheit.“ (Interpretationen, Klassische deutsche Kurzgeschichten, Reclam, Stuttgart, S. 272)

Entwurf

In dem Kurzprosatext „San Salvador“ von Peter Bichsel wird von einem Mann mit Namen Paul erzählt. Dieser ist verheiratet mit einer Frau namens Hildegard. Das Ehepaar hat Kinder. Der Leser erfährt indirekt, dass es wenigstens zwei sind. Paul ist gegen neun Uhr abends allein zu Haus; seine Frau besucht eine Probe des Kirchenchors und wird von ihm um halb zehn zurückerwartet. Erzählt wird nicht eigentlich eine Handlung, sondern es geht um banale Alltagstätigkeiten des Mannes, die sich wiederholen. Ausgehend von der Überschrift mit der Bedeutung *Erlöser/Erretter* ergibt sich als vorläufiges Textverständnis, dass Paul in einer Art Erlösungs- und Fluchtvision sich darüber Gedanken macht, aus einer erkalteten Beziehung und einem als eintönig empfundenen Leben zu fliehen. Der Erzähler stellt das Geschehen in der Er-Form dar. Gewählt ist die personale Erzählform, d.h. der Erzähler tritt nicht selbst auf wie bei der Ich-Erzählform; er zieht sich zurück, ohne ganz zu verschwinden. Dabei bleibt er nah bei seiner Hauptfigur Paul und wählt dessen Perspektive. Aus seiner Sicht erfährt der Leser das Geschehen. Da Paul sein Verhalten nicht reflektiert, ist der Leser aufgefordert, sich selbst Gedanken zu machen. So kann man als Leser unterschiedliche Fragen an den Text stellen, z. B.:
Warum verbringt Paul seine Zeit mit banalen Tätigkeiten?
Warum malt sich Paul eine Flucht aus?
Warum handelt Paul nicht so, wie er denkt?

Der Wechsel zwischen dem äußerst knappen Erzählerbericht und der direkten Wiedergabe von Gedanken (______________________________) und der erlebten Rede in der Form des Konjunktivs (   ) verdeutlicht die innere Befindlichkeit des Mannes: Er verspürt Langeweile und eine innere Leere und Kälte. Die eingetrocknete dunkle Tinte, die schwarz wird (   ), könnte symbolisch für die resignierende, traurige Stimmung der Hauptfigur stehen; Südamerika (   ) und die Palmen für die Sehnsucht nach Wärme.

Bereits zu Beginn der Erzählung werden Verhalten und emotionaler Zustand der Hauptfigur deutlich gekennzeichnet: Paul bekritzelt mit einer neuen Füllfeder zwei Blätter, übt mehrmals seine Unterschrift, schreibt seine Adresse, beobachtet das Eintrocknen der Tinte. Dieses Verhalten wirkt teils unreflektiert spielerisch, teils gleichförmig, ziellos und planlos. Man gewinnt den Eindruck eines unzufriedenen, einsamen, in der bürgerlichen Normalität gefangenen Ehemannes, dessen Beziehung zu seiner Ehefrau in eine Krise geraten und erkaltet ist. In diesem Zusammenhang schreibt er den bereits oben erwähnten Satz auf, der seine unbestimmte Sehnsucht nach Wärme, nach „Erlösung" aus dieser unbefriedigenden Beziehung zum Ausdruck bringen könnte. Die Unfähigkeit Pauls zur Kommunikation und zur Reflexion seiner Situation wird deutlich durch den zweimal wiederholten Satz ______________________________

und die Abwandlung „Saß da" (Z. 45) gegen Ende des Textes. Er schaut Kinoinserate durch (   ), denkt an „irgendetwas" (   ), bis es für die Kinovorstellung zu spät ist. Seine Zeit vertut er mit eigentlich sinnlosen Tätigkeiten. Außerdem stellt er sich vor, wie es wäre, wenn Hildegard seine Mitteilung lesen würde und er nicht mehr da wäre:

____

Die erlebte Rede, die Gedanken und Gefühle Pauls kennzeichnet, wird im Konjunktiv wiedergegeben. Auffallend ist die Anaphorik in einzelnen Satzanfängen (______________________________). Auch dies unterstützt den Eindruck von Monotonie und Langeweile, den die Verhaltensweisen der Hauptfigur insgesamt hervorruft. Auffallend ist, dass das dabei antizipierte Verhalten Hildegards bei der Heimkehr von ihr realisiert wird. Dies kann man vielleicht so deuten, dass die Beziehung zwischen Paul und Hildegard in Ritualen erstarrt ist. Hildegard erkundigt sich ohne eine liebevolle Begrüßung ihres Mannes in einer äußerst knappen Frage nach ihren Kindern. Auch dies könnte man im Sinne einer gestörten Beziehung zwischen den Ehepartnern deuten.

Sprachlich ist der Text äußerst knapp; dies kann man als Appell an den Leser verstehen, den Text intensiv zu lesen und das Verhalten der Figuren zu reflektieren. Auffällig ist der lakonisch wirkende Tonfall, der u. a. durch die sprachliche Reduktion des Textes und die elliptische Erzähltechnik der Verknappung und des Auslassens bedingt ist. Der Text enthält fast nur Hauptsätze und Hauptsatzreihungen (Parataxe) sowie etliche Wiederholungen. Diese Stilmittel unterstützen den Eindruck von Monotonie, Langeweile, Ziellosigkeit, den die depressiv gestimmte Hauptfigur Paul mit seinen banal anmutenden Tätigkeiten hervorruft. Halbherzig und nur in seinen Vorstellungen plant er einen Ausbruchsversuch aus seiner Ehe, scheitert jedoch an seiner Passivität und an seiner eigenen Unfähigkeit, einen Entschluss zu fassen oder ein offenes Gespräch mit seiner Ehefrau zu führen. Auch der Schlussteil wirkt resignierend. Paul sitzt noch ebenso da wie am Anfang.

Zu den oben gestellten Warum-Fragen eine kurze Antwort:

Warum verbringt Paul seine Zeit mit banalen Tätigkeiten? Er langweilt sich; seine banalen Handlungen spiegeln seine innere Leere und Ziellosigkeit und seine Suche nach Sinnerfüllung wider.

Warum malt sich Paul eine Flucht aus? Seine Wunschträume und Visionen spiegeln Paul eine Errettung aus Sinnlosigkeit und Monotonie vor. Der Satz ______________________________ wiederholt sich; er stellt das Hauptmotiv Pauls dar: die Sehnsucht nach emotionaler Wärme.

Warum handelt Paul nicht, wie er denkt? Man kann vermuten, dass er unglücklich ist, unter seiner Einsamkeit leidet und zu einem zielgerichteten Handeln nicht fähig ist. Die Tatsache, dass Hildegard bei ihrer Heimkehr die gleiche Geste ausführt, die Paul vorher gedanklich antizipiert hat, könnte verdeutlichen, dass das Leben des Ehepaares in Gleichförmigkeit und Gewohnheit verlaufen ist. Diese Deutungen bestätigen die im Anfangsteil aufgestellte Bedeutungshypothese. Nimmt man Bichsels Aussage (vgl. Aufgabenstellung, Teil b) hinzu, müsste man umdenken und eine andere „Möglichkeit der Wahrheit" ins Auge fassen. Ist die Beziehung zwischen Paul und Hildegard wirklich erkaltet? Vieles, was oben zum Verhalten der Hauptperson gesagt worden ist, deutet daraufhin. Manche Einzelheiten kann man aber auch anders sehen: Er wartet auf Hildegard; dies kann vielleicht auch als Sehnsucht nach der Gegenwart seiner Frau gedeutet werden. Die einfache Frage Hildegards nach den Kindern ______________________________

____

könnte durchaus auch die gemeinsame Verantwortung des Ehepaars für ihre Kinder zum Ausdruck bringen. Ebenso könnte die Tatsache, dass Paul sich sehr genau vorstellen kann, welche Gesten und Bewegungen Hildegard beim Heimkommen macht, eine innige Vertrautheit zwischen den beiden verdeutlichen. Wie sieht es mit den Fluchtfantasien der Hauptfigur aus? Er schreibt auf den Zettel: ______________________

____

____

Derartige, rein gedankliche Sehnsüchte, aus dem Alltag auszubrechen, müssen einem in unserer problemgesättigten modernen Zeit gar nicht so abwegig vorkommen. Paul setzt seine Fantasien nicht in die Realität um; vielleicht könnte dies seine Einsicht verdeutlichen, dass eine Flucht die Probleme, die er sicher hat, nicht zu lösen imstande ist. Insofern müsste die zentrale Deutungshypothese im Anfangsteil eingeschränkt werden, zumal der Text uneindeutig ist, in sprachlich und inhaltlich verknappter Form geschrieben ist, auf eine zielorientierte Handlung verzichtet wird und der Text inhaltlich offen endet. Insofern ist der Leser aufgefordert, den Text zu Ende zu denken und Verhalten sowie Situation der Figuren zu reflektieren, zumal der Text deutlich die Probleme des modernen Menschen aufzeigt, zum Beispiel die Gefahr der Desorientierung, die Schwierigkeit, sich in einer Welt voller Widersprüche selbst zu verwirklichen und mit dem anderen zu kommunizieren.

(Britta Baumschulte, Jg. 12)

1. Beurteilen Sie, inwieweit sich die Schülerin auf die Aufgabenstellung (S. 38) eingelassen hat. Bearbeiten Sie dazu den Schülertext mithilfe von Markierungen und Randnotizen.

2. Überarbeiten Sie den Text, indem Sie
   - ihn nach inhaltlichen und formalen Gesichtspunkten gliedern (Querstriche im Text, Nummerierung der Abschnitte am Rand),
   - an den mit ______ gekennzeichneten Stellen ein passendes Zitat einfügen, um die Ausführungen anschaulich und textnah zu gestalten,
   - in die Klammern ( ) Zeilenangaben einfügen.

Methode

Zitiertechniken

- Zitieren von Quellenangaben
  Beispiel: Peter Bichsel: San Salvador. Aus: Peter Bichsel: Eigentlich möchte Frau Blum den Milchmann kennenlernen. Walter Verlag, Olten 1964, S. 50
- Zitate dienen bei Textanalysen als Nachweis, dass bestimmte Deutungen durch den Text belegt sind.
- Zitate sollten nicht zu umfangreich sein; sie müssen jedoch so vollständig sein, dass sie verständlich sind.
- Zitate werden in Anführungszeichen gesetzt. Eingeleitete Zitate sind durch Doppelpunkt vom übrigen Text zu trennen. Der Punkt als Satzzeichen entfällt innerhalb des Zitats; Fragezeichen und Ausrufezeichen müssen jedoch übernommen werden.
  Beispiel: Auf seinem Zettel steht: „Mir ist es hier zu kalt“ (Z. 5 f./Z. 25).
- Zitate müssen genau/wörtlich sein; Änderungen, Einfügungen oder Auslassungen müssen durch eckige Klammern gekennzeichnet sein. Zitate ohne formale Einleitung müssen an den Satzbau des eigenen Textes angepasst werden.
  Beispiele: Während er banale Tätigkeiten ausführt, „wartete [er] auf Hildegard“ (Z. 19 f.). Auffallend sind die Anaphern: „Sie würde [...] telefonieren. [...] Sie würde lächeln [...]. Sie würde sich mehrmals [...]“ (Z. 31 ff.).
- Auch durch eine sinngemäße Wiedergabe kann man auf eine Textstelle verweisen; eine direkte Rede im Text wird dann in indirekter Rede wiedergegeben.
  Beispiel: Als Hildegard nach Hause kommt, fragt sie ihren Mann, ob die Kinder schon schlafen. (Z. 46 f.)
- Verweist man in indirekter und allgemeiner Weise auf einen Textzusammenhang, so kennzeichnet man dies so: vgl. Z. ...
  Beispiel: Die Hauptperson fühlt sich offenbar einsam (vgl. Z. 5 f., Z. 25).

(3) Formulieren Sie zu verschiedenen Stellen jeweils einen Satz zur Leserhilfe und Leserführung, um dem Leser das Vorgehen zu verdeutlichen. Lesen Sie zur Leserführung auf S. 19 nach.

Z. ______________________________

Z. ______________________________

Z. ______________________________

Die Analyse eines Gedichts vorbereiten; einen Analyseentwurf beurteilen und überarbeiten

Einen ersten Verstehensansatz erschließen

Hans Magnus Enzensberger

konjunktur[1]

Jetzt ist K. für das Wirken der Mächtigen. Jetzt: 50er-Jahre – Adenauer-Ära; 1956: Wiederbewaffnung

ihr – die Fische (die Abhängigen, Machtlosen)
sie – die Angler (die Mächtigen)

8
ihr glaubt zu essen
aber das ist kein fleisch
womit sie euch füttern
das ist köder, das schmeckt süß
(vielleicht vergessen die angler
die schnur, vielleicht
haben sie ein gelübde getan,
in zukunft zu fasten?)

Ironie?

modernes Gedicht:
- keine Strophen, sondern Abschnitte
- kein Reim
- kein Metrum
- Kleinschreibung

10
der haken schmeckt nicht nach biscuit
er schmeckt nach blut
er reißt euch aus der lauen brühe:
wie kalt ist die luft an der beresina[2]!
ihr werdet euch wälzen
auf einem fremden sand
einem fremden eis:
grönland, nevada[3], fest-
krallen sich eure glieder
im fell der nubischen wüste.

4
sorgt euch nicht! gutes gedächtnis
ziert die angler, alte erfahrung.
sie tragen zu euch die liebe
des metzgers zu seiner sau.

Angler – wie die Liebe des Metzgers zu seiner Sau

4
sie sitzen geduldig am rhein,
am potomac[4], an der beresina,
an den flüssen der welt.
sie weiden euch. sie warten.

3
ihr schlagt euch das gebiß in die hälse.
euch vor dem hunger fürchtend
kämpft ihr um den tödlichen köder.

(1957)

(Aus lizenzrechtlichen Gründen folgt dieser Text nicht der reformierten Rechtschreibung.)

[1] Konjunktur: Zusammenwirken sämtlicher wirtschaftlicher Bewegungsvorgänge: Wirtschaftslage/Wirtschaftsflaute/Wirtschaftsaufschwung (kann darüber hinaus auch – wie hier – auf gesellschaftliche und politische Vorgänge bezogen werden)
[2] Beresina: Fluss in Russland, an dem Napoleon beim Rückmarsch von Moskau im Jahre 1812 eine entscheidende Niederlage erlitt
[3] Nevada: Wüste in den USA, in der viele Jahre lang Atombombenversuche stattgefunden haben
[4] Potomac: Fluss in den USA, an dem das Verteidigungsministerium liegt

Information

Hans Magnus Enzensberger (geb. 1929 in Kaufbeuren): Der Lyriker Enzensberger knüpft an B. Brechts Konzeption des Gedichts als „Gebrauchsgegenstand" an und sieht seine schriftstellerische Aufgabe vor allem darin, kritisch zum Zeitgeschehen Stellung zu nehmen.
Das Gedicht „konjunktur" ist der Lyriksammlung „Verteidigung der Wölfe" entnommen; die Gedichte sind in den Jahren 1954–1957 entstanden. Der Gedichtband enthält neben *freundlichen* und *traurigen* Gedichten auch *böse* Gedichte (Buchklappentext). Immer äußert Enzensberger seine Kritik an den bestehenden gesellschaftlichen Verhältnissen. Das Jahr 1956 bringt – etwa 10 Jahre nach dem Inferno des Zweiten Weltkrieges – die Gründung der Bundeswehr und damit die deutsche Wiederbewaffnung.

1. Lesen Sie das Gedicht genau, möglicherweise mehrere Male. Fassen Sie die Markierungen und Randnotizen in einem knappen beschreibenden Text zusammen. Ergänzen Sie ggf. eigene Markierungen und Randnotizen.

Das Gedicht handelt vom Gegensatz der Mächtigen und der Abhängigen. ~~Die~~ Mächtigen werden mit „sie" angesprochen und als Angler beschrieben, die Schwachen sind Fische. Die Mächtigen mögen die Schwachen nur, solang sie ihnen nützen und sehen sie nur als Mittel. Die Überschrift „konjunktur" bedeutet wohl, dass in den 50er Jahren die K. für das Wirken der Mächtigen war. Während dieser Legislaturperiode Adenauers war auch die Wiederbewaffnung. Formell ist es ein modernes Gedicht ohne Strophen, gegliedert in Sinnabschnitte. Es reimt sich nicht und folgt keinem Metrum. Außerdem ist alles klein geschrieben

2. Formulieren Sie stichwortartig einen ersten Verstehensansatz/eine erste Deutungshypothese.

Das Gedicht soll die Abhängigkeit zwischen den Mächtigen und den Schwachen zeigen. Die einfache Bevölkerung wird von den Mächtigen zu deren Vorteil „missbraucht" und merken es selbst nicht.

3. Markieren Sie im Text mit zwei unterschiedlichen Farben, was über die Angesprochenen („ihr") und was über die „Besprochenen" („sie") ausgesagt wird.

4. Inwieweit halten Sie das Gedicht für typisch für den Schriftsteller Enzensberger? Lesen Sie dazu die oben stehenden Informationen zum Verfasser.

Das Gedicht ist insofern typisch, da er kritisch das Zeitgeschehen aus seiner Sicht beurteilt. Auch wenn seine Gedichte unterschiedliche Emotionen hervorrufen, so sind sie stehts gesellschaftskritisch

Eine Schüleranalyse beurteilen und überarbeiten

Analyse/Interpretation des Gedichts „konjunktur“ von Hans Magnus Enzensberger

Hans Magnus Enzensberger, der 1929 in Kaufbeuren/Schwaben geboren wurde, gehört zu den gesellschaftskritischen Lyrikern unserer Zeit. Sein Gedicht „konjunktur“ stammt aus der Sammlung der Gedichte „Verteidigung der Wölfe“, die zwischen 1954 und 1957 entstanden sind, wobei ich davon ausgehe, dass der Titel der Gedichtsammlung ironisch gemeint ist. Auch in diesem Gedicht geht es um Kritik am gesellschaftlichen und politischen System der Bundesrepublik Deutschland. Für den folgenden Hauptteil meiner Analyse wähle ich die lineare Vorgehensweise, indem ich Abschnitt für Abschnitt durchgehe.

Das Gedicht „konjunktur“ beginnt mit der ganz persönlichen Anrede „ihr“; dieser folgt unmittelbar ein Vorwurf bzw. ein Klarstellen der augenblicklichen Situation. Der lyrische Sprecher versucht durch das Wort „glaubt“ (Z. 1), eine gewisse Unsicherheit darzustellen: „ihr glaubt zu essen/aber das ist kein fleisch/womit sie euch füttern/das ist köder [...]“ (Z. 1 ff.) Hier tauchen neue anonyme Figuren auf, die durch das „sie“ in ihrer Anonymität betont werden. Doch schon zwei Zeilen weiter werden diese Figuren als „angler“ identifiziert. Diese Angler scheinen etwas vorzutäuschen, denn sie füttern nicht wirklich, nicht mit etwas Nahrhaftem, sondern mit einem Köder. Der Köder, der einerseits gut schmeckt, ist andererseits nichts weniger als eine Falle. Dennoch vermutet oder hofft der lyrische Sprecher, dass die Angler aufhören zu angeln, sei es, dass sie ihre Schnur vergessen haben, sei es, dass sie fasten wollen. Im Weiteren wird der Haken dargestellt, an dem der Köder festgemacht ist. Der lyrische Sprecher bemerkt: „der haken schmeckt nicht nach biscuit/er schmeckt nach blut“ (Z. 9 f.). Der Köder erscheint hier endgültig als bösartige Falle, weil er nicht hält, was er zu versprechen scheint. Dieser Haken „reißt euch aus der lauen brühe“ (Z. 11). Er reißt den Fisch – gemeint sind in diesem Falle die angesprochenen Menschen – aus ihrem ursprünglichen und doch schon getrübten Element heraus an die kalte Luft. Dadurch, dass der Verfasser die Beresina nennt, werden beim Leser ganz automatisch Assoziationen hervorgerufen. Er verbindet den Namen Beresina automatisch mit Niederlage und Tod. Doch damit scheint diesmal er selbst gemeint zu sein, er, den man durch Tricks herausgelockt hat. Und diese auf den Köder hereingefallenen Menschen werden sich „wälzen/auf einem fremden sand/einem fremden eis“ (Z. 13 ff.). Die Betonung scheint hier auf dem zweimal vorkommenden „fremd“ zu liegen. Die Menschen also werden dort zu finden sein, wo sie, ebenso wenig wie der herausgezogene Fisch im „sand“, nichts zu suchen haben. Sie gehören dort nicht hin, aber sie krallen sich dennoch dort fest. Doch trotz alledem heißt es: „sorgt euch nicht!“ (Z. 19), denn Erinnerungsvermögen und „alte erfahrung“ (Z. 20) kennzeichnen die Angler. Aber Erfahrung womit? Im Hervorlocken, im Einfallen in fremde Gebiete? Die Antwort darauf bleibt dem Leser überlassen. Diese Angler sitzen „geduldig am rhein/am potomac, an der beresina“ (Z. 23 f.) und warten. Diese Namen assoziieren die Vorstellung von Krieg, Macht, Gewalt. Mit diesen Namen können auch wichtige Schaltstellen der Macht gemeint sein (z. B. auch die Bundeshauptstadt Bonn am Rhein). Sie „tragen zu euch die liebe/des metzgers zu seiner Sau“ (Z. 21 f.). Der Metzger hegt und pflegt sein Tier, doch nur deshalb, um es später zu schlachten. Die Vorstellung des Weidens erinnert an Kühe, doch auch sie werden später geschlachtet. Sie, diese anonyme Gruppe, verfolgen das offensichtlich zu einem bestimmten Zweck. Doch dann schlagt ihr euch „das gebiß in die hälse/euch vor dem hunger fürchtend/kämpft ihr um den tödlichen köder“ (Z. 27 ff.) der Mächtigen, der Angler. Die Metapher „das Gebiss in die Hälse schlagen“ steht wohl für töten. Und all die, die schon so lange den Köder geschmeckt haben, fürchten den Hunger und kämpfen um den Köder. Die Fische, das sind die Menschen, zerfleischen sich gegenseitig. Sie erkennen offenbar nicht, dass sie und ihre Reaktionen gesteuert werden, gesteuert von den Anglern. Sie, das scheint die Gruppierung zu sein, die uns, das Volk, lenkt, uns zu ködern versucht und uns vielleicht zum Krieg anstiften will. [...]

1. Beurteilen Sie, inwieweit der Verfasser in diesem Ausschnitt einer Analyse/Interpretation konsequent im Sinne eines linearen Verfahrens vorgegangen ist. Beachten Sie den folgenden Info-Kasten.

____

____

____

Information

Analyse/Interpretation literarischer Texte

Bei der Analyse/Interpretation literarischer Texte kann man auf zweierlei Weise vorgehen:

- Lineares Verfahren: Sie folgen der Chronologie des Textes und gehen den Text systematisch im Sinne der jeweiligen Kriterien durch (Inhalt, sprachlich-rhetorische Machart, Zitat; Auswertung der Beschreibung/Deutung).
- Aspektorientiertes Verfahren: Sie gehen dabei von relevanten übergeordneten Deutungsaspekten aus. Um eine reine Addition zu vermeiden, müssen diese Aspekte integriert und im Rahmen der Gesamtdeutung erläutert werden.

2. Bearbeiten Sie den Analyse-Ausschnitt auf S. 44 unter folgenden Gesichtspunkten:

- Sie unterstreichen alle Ausdrücke, die man als sprachliche Konnektoren (*hier, dies, daher, …*) und als Gliederungssignale/Leserhilfen (*Ich komme jetzt zu …*) ansehen kann.
- Sie gliedern die Schüleranalyse nach einzelnen Abschnitten; benutzen Sie dazu im Text das folgende Zeichen: ⌐

Der folgende Text stellt den letzten Teil der Schüleranalyse dar.

[…] Im Folgenden möchte ich einige Einzelheiten zur Form des Textes klären. Bereits
beim ersten Lesen fällt die generelle Kleinschreibung des Gedichts und die Klammer für
die Vermutungen auf. Das Gedicht hat keine Reime und kein erkennbares Metrum. Schon
dadurch tritt es deutlich als modernes Gedicht in Erscheinung. Wäre der Text nicht in
ZR bestimmten Verszeilen angeordnet könnte er auch als Prosatext gelten. Diese aufmerk-
samkeiterregende, ungewöhnliche Form des Textes entspricht der Intention des Verfas-
Z sers zu warnen, aufzurütteln und an Wachsamkeit und Aufmerksamkeit der Menschen
R zu appelieren. Auch ist das Gedicht nicht in gleich lange Strophen gegliedert, sondern
nach Abschnitten mit 8, 10, 4, 4 und 3 Zeilen. Auffallend sind bestimmte sprachliche
G Bilder zum Bedeutungsbereich Fischerei: Angler, Fische, Köder, Schnur, Haken, Blut, also
RR mehrdeutig. Zur Metaforik möchte ich nocheinmal zwei auffällige Beispiele nennen:
„fest-/krallen …“ (Z. 16 f.) und „ihr schlagt euch …“ (Z. 27).
Ich möchte jetzt versuchen, die Überschrift zu deuten. Diese ist offensichtlich zweideutig.
Sie deutet einerseits auf ein Auf und Ab, auf wirtschaftliche Konjunkturschwankungen
G hin, das heißt auch auf Abhängigkeiten, weil eine Konjunkturflaute bedeutet möglicher-
weise eine harte Zeit für die Bevölkerung. Andererseits könnte die Überschrift bedeuten,
dass zurzeit eine Konjunktur für Angler ist (die politisch Mächtigen?, die Wirtschaftsbos-
se?, die Giganten der Medien?, die Unterdrücker?, die Manipulierenden?). In dieser Zeit
sind die „Fische“ (die Unterdrückten?, Passiven?, Manipulierten?, Machtlosen?) zu er-
höhter Wachsamkeit aufgerufen. Sie müssen zusammenhalten, dürfen sich nicht gegen-
seitig das „gebiß in die hälse“ (Z. 27) schlagen.
RZ Es soll nun abschließent versucht werden eine Gesamtdeutung des Gedichts zu formulie-
RZR ren. Nach meiner Meinung soll Enzensberger's Gedicht zum Ausdruck bringen das die

Z Angler, d. h. diejenigen die in einer Gesellschaft die Macht innehaben, immer Konjunktur
Z haben. Sie halten den Fischen, das sind die einfachen Menschen, Köder hin also zum
ZR Beispiel Versprechungen von Wohlstand und Arbeit und können sie dadurch lenken. Das
Z die Angler ihre Schnur vergessen oder ein Gelübde zum Fasten ablegen ist eine trüge-
G rische Hoffnung, weil diese Hoffnung wird geradezu ausgeklammert. Der lyrische Spre-
cher warnt mit bitterer Ironie vor Passivität, fehlender Solidarität und gegenseitiger
Zerstörung. Ich beziehe mich dabei auf meine noch allgemein formulierte Deutungshy-
pothese am Anfang, die ich damit wieder aufnehme und konkretisiere. Die beiden Perso-
nengruppen der Angler und der Fische werden durch die Pronomina *sie* und *ihr* verdeut-
licht. Sie, das sind die Mächtigen, die alles lenken, und ihr, das sind alle, das ist das Volk,
GG die angesprochen und an die gewissermaßen appelliert wird. Die Brisanz des Textes ist
G auch heute noch aktuell, weil es gibt auch heute noch mächtige Menschen und Menschen-
gruppen, die weitreichende politische Entscheidungen treffen, und ohnmächtige Men-
schen, falsche Versprechungen und Manipulationen; man denke nur an den Irakkrieg,
den Beginn dieses Krieges und an die Folgen. Zur Zeit der Erstveröffentlichung waren
aber die Brisanz und die Aktualität des Gedichts vielleicht noch größer, weil im Jahre 1956
GG wurde die Bundeswehr aufgestellt und somit Deutschland wiederbewaffnet, also Auslö-
sung von großen Protestreaktionen.

(Till Bergmann, Jg. 12)

3 Dieser Teil der Schüleranalyse enthält (s. die entsprechend gekennzeichneten Stellen am Rand) Fehler bei der Rechtschreibung (R), Zeichensetzung (Z), Grammatik bzw. stilistische Fehler (G) (z. B. Krüppelsatz oder falsche Wortstellung beim konjunktionalen Nebensatz). Markieren Sie die Fehler in der entsprechenden Zeile; korrigieren Sie den Fehler entweder unmittelbar im Text oder, indem Sie ihn nummerieren, wie folgt:

(1) angeordnet, könnte; (2) ______________________________

4 Überfliegen Sie zum Schluss noch einmal beide Teile der Gedichtanalyse/Interpretation. Beurteilen Sie, inwieweit der Verfasser der Aufgabenstellung inhaltlich gerecht geworden ist. Diese lautet:

Analysieren Sie das Gedicht „konjunktur“ von H. M. Enzensberger. Kennzeichnen Sie die angesprochenen Personengruppen sowie den Wortschatz und die Bildersprache. Deuten Sie im Rahmen einer Gesamtinterpretation des Gedichts vor allem die Überschrift.

Training: Klausuren und schriftliche Abiturprüfung

Analyse eines Sachtextes

Martin Walser

Die Rolle des Lesers von literarischen Texten

[Als ich über Franz Kafka] etwas schreiben wollte, stellte sich heraus, dass ich ihn nicht verstanden hatte. Obwohl ich die drei Romane und die Erzählungen zwei-, drei-, viermal gelesen hatte, hätte ich nicht aufschreiben können, was die „Strafkolonie“ bedeute. Die „Verwandlung“ interpretieren, das hieß für mich damals, aussagen, ja beweisen, was ein Literaturwerk unter allen Umständen bedeutet. Man war erzogen worden zum Glauben, in einem Literaturwerk sei eine Bedeutung sozusagen verborgen. Die müsse man herausbringen. Inzwischen bin ich Adressat von Schülerpost und erfahre so, dass im Deutschunterricht Schülerinnen und Schüler darin geübt werden, die Bedeutung von Büchern zu entdecken, die ich geschrieben habe. Der Lehrer weiß offenbar die Bedeutung, darf sie aber den Schülern nicht sagen. Ich weiß, meinen die Schüler, die Bedeutung. Findige Schülerinnen oder Schüler rufen mich abends an oder schreiben mir und fragen: Wie haben Sie das und das gemeint? Stimmt es wirklich, wie der Lehrer sagt, dass der Name Klaus Buch ein sprechender Name ist, in dem sich die Bedeutung Klau das Buch verbirgt und so weiter. Ich antworte dann, dass es nach meiner Erfahrung im Umgang mit Literatur keine privilegierte[1] Bedeutungsschöpfung gebe, dass vielmehr jede Leserin und jeder Leser ein Naturrecht auf die eigene Empfindung und Leseerfahrung habe. Lehrern gegenüber füge ich hinzu: Noten könne man ja nicht nur danach geben, wie nah der Schüler der vom Lehrer gehüteten Bedeutung komme, sondern auch danach, wie eine Schülerin und ein Schüler ihre eigene Leseerfahrung zu vermitteln imstande seien. Auch dass Schülerinnen und Schüler mit einem Text gar nichts anfangen können, sage ich dann dazu, sei darstellens- und begründenswert und trainiere mindestens so sehr wie das Suchen und Finden und Darstellen der offenbar ostereihaft versteckten Bedeutung.

Ich habe als Student die Erfahrung machen müssen, dass mein gewissermaßen naturwüchsiges Lesen nicht bedeutungsorientiert ist, ja für Bedeutungsfindung oder -schöpfung nichts bringt. Ich habe Kafka nicht anders gelesen als Karl May. Ich kann überhaupt nicht auf zweierlei Art lesen. Die Sätze, die ich lese, leben davon, dass sie in mir beantwortet werden. Beantwortet durch Erfahrungen, die von diesen gelesenen Sätzen geweckt, mobilisiert, bewusst gemacht werden. Alles, was ich je erlebt, gesehen, gedacht, gefühlt, geliebt, gehasst, gefürchtet habe, kann da aufgerufen werden. Vorausgesetzt, ich kann mit dem Buch, das ich lese, etwas anfangen. Jeder Leser beantwortet jeden Satz, der da schwarzweiß und dimensionslos auf Papier steht, mit sich selber. Er inszeniert diesen Satz ganz von selber in seiner Vorstellung. Was da in einem vor sich geht, ist auch mit dem Traum vergleichbar. Lesend reproduziert man ja nicht einfach Gehabtes, Erfahrenes, sondern produziert aus eigenem Bedürfnis mithilfe eines Textes eine Welt, die es tatsächlich nicht gibt. Was uns in der wirklichen Welt fehlt, stattet uns als Leser aus, macht uns als Leser potent. Was uns fehlt, macht uns schöpferisch. Nicht das Zuvielhaben macht

[1] privilegiert: bevorrechtigt

schöpferisch, sondern das Zuwenighaben, also der Mangel. Novalis[1]: „Der Roman ist aus dem Mangel der Geschichte entstanden." Novalis macht in seiner Passage über den Roman, der aus dem „Mangel der Geschichte" entstanden ist, keinen Unterschied zwischen Lesen und Schreiben, er fährt nämlich fort: „Er [der Roman] setzt für den Dichter und Leser divinatorischen[2] oder historischen Sinn und Lust voraus." Dichter und Leser sind also gleich gesonnen. Wenn der Welt, in der man lebt, nicht ernsthaft etwas fehlte, würde man nicht lesen. Und wenn uns nichts fehlte, würden wir auch nicht schreiben. Man liest also aus den Gründen, aus denen man schreibt.

Wir können überlegen, was uns, als wir acht Jahre alt waren, fehlte und uns so zu Karl-May-Lesern werden ließ. Es heißt, man verschlinge Karl May. Das ist ein unvollkommenes Bild. Man produziert die Not, die Gefahr, die Treue, den Verrat, die Gemeinheit, den Edelmut, die Rettung. Man produziert zu den Hufspuren, die schon ein bisschen abbröckeln, also älter als drei Tage sind, Angst und Hoffnung; man erlebt in sich das Anrecht auf Rettung aus der immerwährenden Gefahr.

Ein Kind, das sich sicher fühlt, liest nicht Karl May. Nichts ist diesem Lesen so fremd wie die Frage nach der Bedeutung. Bei Kafka und Karl May. Es gibt aber die Frage, ob jemand ein Buch verstanden habe. Das klingt, als sei ein Buch etwas ganz Bestimmtes. Verstehe man es nicht als dieses ganz Bestimmte, habe man es falsch verstanden oder missverstanden. Ich glaube eher, dass es einem Buch gegenüber kein Missverständnis gibt, da jeder Leser, wenn er ein Buch liest, mit diesem Buch immer nur sich versteht, nicht das Buch. Das Buch ist, hat Proust[3] gesagt, eine Art optischen Instruments, mit dessen Hilfe der Leser in seinem eigenen Leben lesen könne. Das halte ich für eine sehr zurückhaltende Beschreibung dessen, was beim Lesen passiert. Sogar das deutlich empfundene und erlebte Nichtverstehen eines Buches muss überhaupt nicht die Lese-Intensität mindern.

(1994)

---

[1] Novalis: Friedrich von Hardenberg (1772–1801), dt. Dichter und Theoretiker der Romantik
[2] divinatorisch: vorahnend, seherisch
[3] Proust: Marcel Proust (1871–1922), frz. Schriftsteller

Information

Martin Walser (geb. 1926 in Wasserburg/Bodensee) ist einer der bekanntesten Schriftsteller der Gegenwart. Bekannt wurde er vor allem durch Romane, Essays und Theaterstücke. Ein zentrales Thema des Erzählers Walser ist der gesellschaftliche Zwang zur Anpassung, den seine aus der Mittelschicht stammenden Protagonisten zumeist resignierend hinnehmen. Der vorliegende Ausschnitt stellt den Anfang des über 30 Seiten langen Textes „Vormittag eines Schriftstellers" (Suhrkamp Verlag Frankfurt/M. 1994, S. 165 ff.) dar.

1. Gehen Sie vor dem Lesen des gesamten Textes zunächst von der Überschrift aus; mobilisieren Sie so Ihr Vorwissen: Was ist für Sie beim (außerschulischen) Lesen eines Romans von besonderer Wichtigkeit? Formulieren Sie knapp Ihr eigenes Selbstverständnis und Ihre eigenen Erwartungen als Leser.

Im Folgenden soll der Text nach den bekannten Arbeitsschritten analysiert, schriftlich formuliert und überarbeitet werden.

Methode

Arbeitsschritte zur Analyse von Sachtexten

1. Schritt: **Was sagt mir der Text?**
Vorwissen abrufen, Überblick verschaffen durch überfliegendes Lesen

2. Schritt: **Was steht im Text? Wie erschließe ich mir den Text?**
Text durch genaues markierendes, strukturierendes und kommentierendes Lesen erschließen: Thematik, Inhalts- und Argumentationsstruktur, sprachlich-rhetorische Machart, Publikum, textexterne Faktoren

3. Schritt: **Welche Absicht und Wirkung verfolgt der Text? Wie ist er zu beurteilen?**

4. Schritt: **Wie gliedere ich meinen schriftlichen Text? Wie stelle ich die Ergebnisse dar?**

5. Schritt: **Wie überarbeite ich meine Darstellung?**

Arbeitsschritt 1: Was sagt mir der Text?

(1) Verschaffen Sie sich einen ersten Überblick durch inhaltssicherndes und orientierendes Lesen. Nehmen Sie im Text erste Markierungen vor. Machen Sie sich gegebenenfalls Randnotizen.

(2) Unterstreichen Sie den Kernsatz (die Kernthese) in Martin Walsers Text, in dem seine Position besonders deutlich wird. Lesen Sie dazu gegebenenfalls den Text noch einmal.

Arbeitsschritt 2: Was steht im Text?

(1) Beantworten Sie die folgenden an den Text gestellten W-Fragen.

- Welche Textart liegt vor? Geben Sie eine kurze Begründung.

___

___

___

- Welche drei Schriftsteller werden im Text als Beispiele genannt?

___

___

- Wie ist der Text inhaltlich aufgebaut? Markieren Sie am Rand; geben Sie inhaltliche Gliederungspunkte an.

(2) Was sagt Walser über die Rolle des Lesers in literarischen (epischen) Texten? Betrachten Sie dazu die unterstrichene Hauptthese des Textes; markieren Sie die weiteren von Walser aufgeführten Thesen. Listen Sie diese anschließend in Kurzform auf.

Es gibt im Umgang mit Texten keine privilegierte Bedeutungsschöpfung; jeder Leser hat dabei das Recht auf eigene Empfindungen.

___

___

___

___

③ Finden Sie heraus, auf welche Weise der Verfasser seine Thesen begründet, d. h. argumentiert. Notieren Sie entsprechend am Rand; nutzen Sie dazu die Hinweise zu den verschiedenen Formen von Argumenten im Info-Kasten.

Information

Formen von Argumenten

- Autoritätsargument: Man beruft sich auf eine Autorität, z. B. eine Person, eine Statistik, einen Zeitschriftenartikel, ...
- Erfahrungsargument: Man greift auf eigene Erfahrungen zurück.
- Indirektes Argument: z. B. Verallgemeinerung einzelner Erfahrungen im Zusammenhang mit der Entkräftung gegenteiliger Argumente
- Analogisierendes Argument: Es wird eine Parallele/Analogie zu anderen Lebensbereichen gezogen.
- Argumente, die sich auf persönliche Meinungen und Gefühle stützen

④ Walser argumentiert vor allem, indem er auf der Grundlage subjektiver Erfahrungen eine verallgemeinernde Aussage macht. Schreiben Sie zwei dieser verallgemeinernden Aussagen auf.

⑤ Markieren Sie sprachliche Wirkungs- und Stilmittel des Textes; geben Sie im Folgenden die entsprechenden Zeilen an:

Ironie (Z. ______); Fragen (Z. ______); Anapher (Z. ______); Wiederholung im Satzbau (Z. ______); Wortreihungen (Z. ______)

Arbeitsschritt 3:
Welche Absicht und Wirkung verfolgt der Text? Wie ist er zu beurteilen?

① Walser arbeitet im Hinblick auf seine Beispiele mit zwei gegensätzlichen Schriftstellern (Mittel des Kontrasts). Erklären Sie knapp, welche Wirkung er damit erreichen könnte.

② Beurteilen Sie die Sprache und den kommunikativen Bezug des Textes. Kreuzen Sie entsprechend an.

- ☐ einfache Sprache
- ☐ gut verständlich
- ☐ spricht junge Leser an, weil er deren Perspektive einnimmt

- [ ] viele Fachtermini
- [ ] Wissenschaftssprache
- [ ] spricht vor allem erwachsene, fachlich vorgebildete Leser an

(3) Formulieren Sie aus Ihrer Sicht Kritik zu einzelnen Thesen des Verfassers. Achten Sie dabei vor allem auf die verallgemeinernden Aussagen, die Walser macht.

Liest und schreibt man tatsächlich nur aus einem offensichtlichen Mangel? ______________________

____

____

____

____

____

Bei den folgenden beiden Arbeitsschritten geht es um die schriftliche Ausführung der Textanalyse.

Arbeitsschritt 4: Wie gliedere ich meine Arbeitsergebnisse?

Vorgeschlagen wird folgender Schreibplan:
<u>Einleitung</u>
knappe allgemeine, einführende Informationen zur Kommunikationssituation (Verfasser, Absicht, Zielgruppe), zum Thema und zur Textart
<u>Hauptteil</u>
Detailanalyse: Thematik, Aufbau, Textart, sprachliche Machart und Wirkung des Textes (s. Schritte 2 und 3, S. 49 f.)
Beurteilung des Textes (s. Schritt 3, S. 49)
<u>Schlussteil</u>
kann ggf. entfallen, wenn schon der Hauptteil eine Zusammenfassung enthält. Möglich sind:
- Einordnung des Textes in eine bestimmte Zeit
- Bemerkung zur Aktualität des Textes
- Zusammenfassung/Fazit

Arbeitsschritt 5:
Wie überarbeite ich meine Darstellung? Wie formuliere ich?

Bei der schriftlichen Darstellung kommt es vor allem darauf an, sprachliche Konnektoren (*daher, also, obgleich, jetzt, dann, einerseits ... andererseits ...*) sowie Gliederungssignale und Leserhilfen (*Ich komme zunächst zu ...; Im Folgenden analysiere ich zunächst ..., Ich ziehe folgendes Fazit: ...*) einzubeziehen.
Bei der Wiedergabe fremder Gedanken sollte man an Varianten denken, d. h. nicht immer schreiben: Der Autor *schreibt* ..., Der Verfasser *sagt* ... Alternativen sind z. B. er *weist zurück, fordert, fasst zusammen, behauptet, erläutert, legt dar, definiert, stellt fest, ...*

(1) Beurteilen Sie, weisen Sie nach und überarbeiten Sie den folgenden Auszug einer Schülerarbeit unter folgenden Gesichtspunkten (korrigieren Sie im Text bzw. notieren Sie am Rand):

- Einleitung der Analyse (s. o.)
- Konnektoren, Gliederungssignale/Leserhilfen
- Rechtschreibung/Zeichensetzung (s. Markierungen am Rand!)

(2) Markieren Sie Abschnitte im Text.

Analyse des Textes von Martin Walser „Die Rolle des Lesers von literarischen Texten"

Walsers Essay „Die Rolle des Lesers von literarischen Texten" ist ein Auszug aus dem Anfangsteil einer über 30 Seiten langen Abhandlung, die 1994 erschienen ist, zu einem Zeitpunkt wo Martin Walser bereits als einer der bedeutendsten Gegenwartsautoren von Romanen, Essays, Theaterstücken bekannt war. Der Titel des vorliegenden Auszugs stammt allerdings nicht von Martin Walser selbst, sondern von einem Bearbeiter. Der vorliegende Text kommt fast ohne Fachvokabula aus, ist also leicht zu verstehen. Allerdings wird insofern ein nicht gänzlich ungebildeter Leser vorausgesetzt, als die Kenntnis der Schriftsteller Franz Kafka und Karl May vorausgesetzt wird, vor allem die Kenntnis ihrer doch recht unterschiedlichen Schreibweisen und Themen. Unterstützt wird die leichte Lesbarkeit des Textes auch durch die Tatsache, dass Walser auf eigene Erfahrungen zurückgreift, die er als Student mit fremden literarischen Texten gehabt hat und die er als etablierter Schriftsteller mit Anfragen ähnlich ratloser Schüler zu seinen eigenen Texten gemacht hat. Nach diesen einleitenden Bemerkungen gehe ich jetzt in einer Deteilanalyse auf Einzelheiten des Textes ein. Der Text zeigt deutlich die Merkmale eines Essays. Er hat eine typisch assoziative Form des Erörterns; die Darstellung ist locker und subjektiv gehalten, bisweilen witzig und leicht ironisch. Es geht offensichtlich vor allem um ein Auslösen von Denkanstößen beim Leser; Ziel ist offensichtlich in erster Linie eine emotionale Zustimmung, weniger ein kognitives Überzeugen. So ist es auch ein typisches Kennzeichen seiner Argumentation von den o. g. eigenen Erfahrungen auszugehen und daraus allgemeine Sätze zu formulieren. Walser setzt in seinem Essay die eigene Erfahrung und Verstehensschwierigkeiten bei dem Schriftsteller Kafka an den Anfang. Der Verfasser gibt zu, Kafka unter den damals geltenden Regeln und Bedingungen nicht verstanden zu haben; dies verschafft ihm bei jugendlichen Lesern sicher Sympatien, zumal auch diese oft ihre Schwierigkeiten mit Kafka haben dürften. Mit eben diesem Problem des Verstehens und der Bedeutung literarischer Texte wird Walser in späterer Zeit, er ist inzwischen selbst ein etablierter Schriftsteller und seine Werke werden von anderen, eben auch von Schülern gelesen, wieder konfrontiert indem er nach der Bedeutung einzelner Passagen und Ausdrücke gefragt wird. Der Verfasser antwortet den Schülern, dass es „keine privilegierte Bedeutungsschöpfung gebe"; für die Lehrer bemerkt er, Noten hingen nicht ab von der Nähe zu der „vom Lehrer gehüteten Bedeutung". Auf diesen Erfahrungen als Student und als Schriftsteller literarischer Texte und zugleich als Adressat von Schüleranfragen fußen die weiteren Thesen und die Argumentation des Verfassers. Daher komme ich jetzt zum wichtigsten Teil meiner Darstellung, nämlich einer genauen Untersuchung der Inhalts- und Argumentationsstruktur des Essays ...

(1) Bei Klausuren und der schriftlichen Abiturprüfung geht es bei der Bearbeitung von Sachtexten in der Regel um den Aufgabentyp *Analyse eines Sachtextes mit weiterführendem Arbeitsauftrag.* In diesem Sinne könnte die konkrete Aufgabenstellung lauten:

Analysieren Sie Martin Walsers Text „Die Rolle des Lesers von literarischen Texten"; gehen Sie vor allem auf die Textart und die Argumentationsstruktur ein; formulieren Sie Ihre Kritik an Walsers Thesen.

Schreiben Sie entsprechend der Aufgabe den Anfang der Analyse weiter; nutzen Sie dabei die Ergebnisse der vorangegangenen Arbeitsschritte (S. 49 – 51).

Weitere Trainingsmöglichkeit

Analysieren Sie den Text von Wolf Schneider „Die Sprache verändert sich – was sollen die alten Normen?" (S. 9). Gehen Sie dabei vor allem auf Thematik und Argumentationsstruktur ein; beziehen Sie Stellung zu den Thesen des Verfassers.

Analyse eines literarischen Textes

Johann Wolfgang Goethe

Willkommen und Abschied

Es schlug mein Herz, geschwind zu Pferde!
Es war getan fast eh gedacht.
Der Abend wiegte schon die Erde,
Und an den Bergen hing die Nacht;
Schon stand im Nebelkleid die Eiche,
Ein aufgetürmter Riese, da,
Wo Finsternis aus dem Gesträuche
Mit hundert schwarzen Augen sah.

Der Mond von einem Wolkenhügel
Sah kläglich aus dem Duft hervor,
Die Winde schwangen leise Flügel,
Umsausten schauerlich mein Ohr;
Die Nacht schuf tausend Ungeheuer,
Doch frisch und fröhlich war mein Mut:
In meinen Adern welches Feuer!
In meinem Herzen welche Glut!

Dich sah ich, und die milde Freude
Floss von dem süßen Blick auf mich;
Ganz war mein Herz an deiner Seite
Und jeder Atemzug für dich.
Ein rosenfarbnes Frühlingswetter
Umgab das liebliche Gesicht,
Und Zärtlichkeit für mich – ihr Götter!
Ich hofft es, ich verdient es nicht!

Doch ach, schon mit der Morgensonne
Verengt der Abschied mir das Herz:
In deinen Küssen welche Wonne!
In deinem Auge welcher Schmerz!
Ich ging, du standst und sahst zur Erden
Und sahst mir nach mit nassem Blick:
Und doch, welch Glück, geliebt zu werden!
Und lieben, Götter, welch ein Glück.

(1789)

Methode

Arbeitsschritt 1: Was sagt mir der Text? Wie wirkt der Text auf mich?

Spontane Reaktion und erster Deutungsansatz

Bereits beim überfliegenden Lesen des zu analysierenden Textes ergeben sich beim Leser im Sinne eines Verstehensprozesses bestimmte Gedanken und Empfindungen. Diese ersten spontanen Eindrücke und Reaktionen gilt es festzuhalten.

Nach nochmaligem Lesen, z. B. einem inhaltssichernden, strukturierenden oder selektiven Lesen, kann ein erster Verstehensansatz (Deutungshypothese) formuliert werden: Worum geht es in diesem Gedicht?

1. Notieren Sie in Stichwörtern Ihre ersten Leseeindrücke und Reaktionen.

2. Formulieren Sie einen ersten Verstehensansatz, dieser hängt eng mit der Thematik des Gedichts zusammen; wählen Sie dazu eine der folgenden Formulierungen: In diesem Gedicht geht es ...; In diesem Gedicht stellt ein lyrischer Sprecher dar ...; Der Text wirkt ...

Methode

Arbeitsschritt 2: Was steht im Text?

Als Nächstes geht es um genaues, möglicherweise wiederholtes Lesen und um ein genaues Erschließen und Verstehen des Textes. In dieser Arbeitsphase werden Textbeobachtungen festgehalten, indem Wichtiges im Text markiert und Randnotizen gemacht werden.

Dies sind *Gesichtspunkte für ein genaues analysierendes Beschreiben*:

- Um welchen Inhalt geht es?
- Welches Thema/Motiv hat das Gedicht?
- Wie ist das Gedicht in formaler und inhaltlicher Hinsicht aufgebaut?
- Ist der Text durch besondere Bildlichkeit und Formen des uneigentlichen Sprechens gekennzeichnet wie *Metapher, Vergleich, Personifikation*?
- Welche Form hat der Text, z. B. freie Rhythmen oder Reimschema/Strophik/Metrum, Form des Sonetts oder liedhafte Form? Zu welcher Art von Lyrik zählt das Gedicht: Liebeslyrik, Naturlyrik, politische Lyrik, ...?
- Durch welche besondere klangliche Form ist das Gedicht gekennzeichnet: Reim/Reimschemata, Metrum, Rhythmus?
- Welcher Wortgebrauch ist festzustellen: besondere Wortwahl, Bedeutungsfelder, Bildlichkeit?
- Was fällt an der Satzgestaltung auf: auffälliger Satzbau, z. B. rhetorische Figuren/Abweichungen vom üblichen Sprachgebrauch (wie Ellipse, Inversion, Ausruf), Wiederholung, Anapher, Parallelismus, Chiasmus, ...?

Johann Wolfgang Goethe

Willkommen und Abschied

Thema

Ausgangssituation

Es schlug mein Herz, geschwind zu Pferde!
Es war getan fast eh gedacht.

Ritt durch die Nacht

Der Abend wiegte schon die Erde,
Und an den Bergen hing die Nacht;
Schon stand im Nebelkleid die Eiche,
Ein aufgetürmter Riese, da,
Wo Finsternis aus dem Gesträuche
Mit hundert schwarzen Augen sah.

Metaphorik

Der Mond von einem Wolkenhügel
Sah kläglich aus dem Duft hervor,
Die Winde schwangen leise Flügel,
Umsausten schauerlich mein Ohr;
Die Nacht schuf tausend Ungeheuer,
Doch frisch und fröhlich war mein Mut:
In meinen Adern welches Feuer!
In meinem Herzen welche Glut!

Liebesbegegnung

Dich sah ich, und die milde Freude
Floss von dem süßen Blick auf mich;
Ganz war mein Herz an deiner Seite
Und jeder Atemzug für dich.
Ein rosenfarbnes Frühlingswetter
Umgab das liebliche Gesicht,
Und Zärtlichkeit für mich – ihr Götter!
Ich hofft es, ich verdient es nicht!

Abschied

Doch ach, schon mit der Morgensonne
Verengt der Abschied mir das Herz:
In deinen Küssen welche Wonne!
In deinem Auge welcher Schmerz!
Ich ging, du standst und sahst zur Erden
Und sahst mir nach mit nassem Blick:
Und doch, welch Glück, geliebt zu werden!
Und lieben, Götter, welch ein Glück.

1 Beantworten Sie möglichst textnah die folgenden Fragen:

a) Wie ist die **inhaltliche Abfolge** gegliedert? Geben Sie für die Handlungsschritte jeweils die entsprechenden Strophen bzw. Zeilen an.

---

b) Von welchen **Personen** ist die Rede; wie sind sie dargestellt; in welcher Gemütsverfassung befinden sie sich?

---

c) **Wo** geht das Geschehen vor sich?

---

d) **Wann** findet das Geschehen statt? Aus welcher zeitlichen Sicht ist es dargestellt?

e) Um welche **Thematik** geht es? Welche Auskunft gibt dazu die Überschrift?

2 Bearbeiten Sie im Sinne einer linearen Textanalyse folgende Aufgaben:

a) Kennzeichnen Sie die Gemütsverfassung des lyrischen Sprechers in der Ausgangssituation (1. Zeile).

b) Wie wird in Strophe 1 (Z. 3–8) und Strophe 2 (Z. 9–13) die Landschaft geschildert? Mit welchen Worten wird in Strophe 2 der „Sieg" des lyrischen Sprechers über die Nacht dargestellt?

c) Kennzeichnen Sie in den Strophen 3 und 4 den Grundgestus der gegenseitigen Beziehung, indem Sie Personalpronomen und Possessivpronomen unterscheiden. Unterstreichen Sie entsprechend im Text.

d) Unterstreichen Sie in der 3 und 4. Strophe des Textes alle Wörter zum Bedeutungsfeld *Zärtlichkeit* bzw. *Abschiedsschmerz*.

e) Erläutern Sie die im Text gelb markierten Wortwiederholungen. Was bringen sie zum Ausdruck, worauf deuten sie hin?

f) Markieren bzw. notieren Sie am Textrand weitere klangliche, sprachlich-rhetorische und stilistische Auffälligkeiten: Metaphorik, Metrum, Kadenz, Reimschema. Erläutern Sie stichwortartig deren mögliche Funktion.

Methode

Arbeitsschritt 3: Welchen Sinn hat der Text? Welche Aussage macht er?

Es geht bei diesem Arbeitsschritt darum, den ersten Verstehensansatz (s. Schritt 1) zu überprüfen. Dabei muss auf die Ergebnisse des 2. Arbeitsschrittes zurückgegriffen werden; diese müssen im Zusammenhang gedeutet werden. Die Deutung kann durch **Kontextualisierung** abgesichert werden.

Information

Zum **Kontext** (Entstehung des Gedichts, biografische Zusammenhänge, literaturhistorische Einordnung des Textes) benötigt man **Zusatzinformationen.**

Friederike Brion (1752 – 1813)

Hinweise zur Entstehung des Gedichts

Der *lyrische Sprecher* ist ein Rollen-Ich, das nicht mit dem Autor gleichgesetzt werden darf. Aus der Sicht des lyrischen Sprechers erfährt der Leser Eindrücke, Empfindungen und die Handlungszusammenhänge, die auf die reale Wirklichkeit verweisen könnten. Alle dargestellten Erfahrungen und Gefühle sind zunächst als dichterische Fiktion zu verstehen. Autobiografische Zusammenhänge sind allerdings nicht auszuschließen. In diesem Falle sind sie offenkundig: Johann Wolfgang Goethe (geb. 1749 in Frankfurt) hält sich in den Jahren 1770/71 zum Studium in Straßburg auf. Im Oktober 1770 lernt er Friederike Brion kennen, eine Pfarrerstochter aus Sesenheim, einem Ort in der Nähe Straßburgs. Zwischen den beiden entwickelt sich eine leidenschaftliche, aber schicksalhaft kurze Liebe. Anfang August 1771 verabschiedet sich Goethe in abrupter Form von Sesenheim und Friederike. In dem Gedicht „Willkommen und Abschied“ ist das Erlebnis individueller Liebe gestaltet. Man zählt das Gedicht zu Goethes „Sesenheimer Lyrik“ und spricht bei dieser Art von Gedichten von *Erlebnislyrik*. Das Gedicht ist vermutlich im Jahre 1771 entstanden. Diese erste Fassung (s. S. 59) wird im Jahre 1789 von Goethe überarbeitet (s. S. 53).

Johann Wolfgang Goethe (1749 – 1832)
(Porträt von Johann Daniel Bager, 1773)

Zur literarischen Bewegung der Empfindsamkeit

Die literarischen Bewegungen der *Empfindsamkeit* (etwa 1740 – 1780) und des *Sturm und Drang* (etwa 1770 – 1785) ergänzen den Vernunftgedanken der Aufklärung. Allen drei Bewegungen gemeinsam ist die Betonung der Autonomie des Individuums und der dem Menschen innewohnenden Kraft.

Die *Empfindsamkeit* betont besonders das Innere, die Gefühle, die unmittelbare Empfindung. Neu ist, dass die Dichter den Gefühlen von Glück und Leid unmittelbaren Ausdruck verleihen; die Sprache ist entsprechend durch Gefühlsregungen gekennzeichnet: Ausrufe und abgebrochene (elliptische Sätze) sind dafür ein Beleg; Begriffe wie *Herz, Liebe, Schmerz, Leid, Einsamkeit, Abend, Nacht, Mond, Natur* werden zu Schlüsselwörtern der Dichtung.

1. Überlegen Sie, ob Sie Ihren ersten Deutungsansatz beibehalten, ergänzen, korrigieren oder verwerfen wollen. Formulieren Sie danach in knapper Form, worum es in diesem Gedicht thematisch geht und auf welche Weise der lyrische Sprecher/das lyrische Ich sein Erlebnis und seine Beziehung zu der Geliebten darstellt.

2. Inwiefern kann man bei diesem Gedicht von *Erlebnislyrik* sprechen?

(3) Weisen Sie in knapper Form nach, was an Goethes Gedicht „Willkommen und Abschied" typisch für die literarische Bewegung der *Empfindsamkeit* ist.

Methode

Arbeitsschritt 4: Wie gliedere ich meine Darstellung?

Für die schriftliche Darstellung sollte ein **Schreibplan** nach folgendem Muster angelegt werden:

Einleitung

- knappe Hinweise zur Einordnung des Textes: Titel, Autor, Textart, Inhalt, Entstehungszusammenhang, Veröffentlichung
- Formulierung eines ersten Deutungsansatzes als Ergebnis einer ersten Auseinandersetzung mit dem Text

Hauptteil

Der Hauptteil muss die zentralen Untersuchungsgesichtspunkte enthalten (siehe oben). Als Faustregel gilt: keine Deutung ohne vorhergehende Beschreibung von Einzelheiten. Beschreibende und deutende Teile sind deutlich aufeinander zu beziehen. Es wird zurückgegriffen auf den ersten Deutungsansatz (Hypothese) der Einleitung: Dieser Ansatz wird entweder bestätigt und weitergeführt, verändert oder als falsch erkannt und korrigiert.

Schlussteil

Für den Schlussteil gibt es mehrere Möglichkeiten, z. B.:

- das Ergebnis der Analyse in Beziehung zum ersten Deutungs- und Verstehensansatz in der Einleitung setzen,
- in Form eines Fazits die Ergebnisse knapp zusammenfassen,
- den Text beurteilen.

(1) Formulieren Sie jetzt auf einem besonderen Blatt oder am PC in knapper Form den Hauptteil einer Analyse/Interpretation. Gehen Sie dabei auf alle textinternen Elemente des Textes ein, die bislang angesprochen wurden. Wählen Sie die Form einer linearen Textanalyse, indem Sie den Text in chronologischer Form beschreiben und deuten. Belegen Sie Ihre Ausführungen mit Zitaten.

Methode

Arbeitsschritt 5: Wie überarbeite ich meine Darstellung?

Bei der Überarbeitung des ersten schriftlichen Entwurfs ist besonders auf Folgendes zu achten:

- klare Gliederung: Abschnitte machen
- präzise Wortwahl, Gebrauch fachsprachlicher Begriffe, Vermeidung von umgangssprachlichen Begriffen, Modewörtern, unverbindlichen Füllwörtern
- Zitate als Belege
- klarer Schreibstil: keine „Bandwurmsätze", aber auch nicht nur Satzreihungen; logische Verknüpfungen mithilfe sprachlicher Konnektoren (*weil, dennoch, einerseits ... andererseits, ...*)
- sprachliche Korrektheit: Rechtschreibung, Zeichensetzung, Grammatik

Hinweis: Die Basiskompetenz *Überarbeiten* können Sie auf S. 38 ff. trainieren.

Bei Abiturklausuren geht es bei diesem Aufgabentyp in der Regel um die *Analyse eines literarischen Textes mit weiterführendem Schreibauftrag.* In diesem Sinne wird im Folgenden ein Vergleich zwischen der auf S. 53 abgedruckten, von Goethe überarbeiteten Fassung und der ursprünglichen Fassung des Gedichts mit einbezogen.
Diese erste Fassung ist vermutlich im August 1771 entstanden. Sie wurde von Goethe im Jahre 1789 überarbeitet und hat in dieser Fassung Aufnahme in die meisten Goethe-Ausgaben gefunden. Der folgende Text stellt die ursprüngliche Fassung von 1771 dar.

Johann Wolfgang Goethe

Mir schlug das Herz; geschwind zu Pferde,
Und fort, wild, wie ein Held zur Schlacht!
Der Abend wiegte schon die Erde,
Und an den Bergen hing die Nacht;
Schon stund im Nebelkleid die Eiche,
Ein aufgetürmter Riese, da,
Wo Finsternis aus dem Gesträuche
Mit hundert schwarzen Augen sah.

Der Mond von seinem Wolkenhügel,
Schien kläglich aus dem Duft hervor;
Die Winde schwangen leise Flügel,
Umsausten schauerlich mein Ohr;
Die Nacht schuf tausend Ungeheuer –
Doch tausendfacher war mein Mut;
Mein Geist war ein verzehrend Feuer,
Mein ganzes Herz zerfloss in Glut.

Ich sah dich, und die milde Freude
Floss aus dem süßen Blick auf mich.
Ganz war mein Herz an deiner Seite,
Und jeder Atemzug für dich.
Ein rosenfarbes Frühlingswetter
Lag auf dem lieblichen Gesicht,
Und Zärtlichkeit für mich, ihr Götter!
Ich hofft' es, ich verdient' es nicht.

Der Abschied, wie bedrängt, wie trübe!
Aus deinen Blicken sprach dein Herz.
In deinen Küssen, welche Liebe,
O welche Wonne, welcher Schmerz!
Du gingst, ich stund, und sah zur Erden,
Und sah dir nach mit nassem Blick;
Und doch, welch Glück! geliebt zu werden,
Und lieben, Götter, welch ein Glück! (1771)

Methode

Vergleich unterschiedlicher Fassungen des Gedichts

Bei einem Vergleich verschiedener Fassungen eines Gedichts geht es vor allem darum, die Unterschiede und Veränderungen deutlich herauszuarbeiten und unter Einbeziehung des historischen Hintergrunds die Absicht bzw. Wirkung der Veränderungen zu erklären und ggf. zu beurteilen.

1. Vergleichen Sie die ursprüngliche Fassung (s. S. 59) mit der Überarbeitung (s. S. 53). Stellen Sie die Unterschiede fest.

2. Beurteilen Sie die Überarbeitung, indem Sie zu den folgenden Äußerungen eines Literaturwissenschaftlers Stellung nehmen:

„Kurzum, diese zweite Fassung ist für mich ein schlagendes Beispiel und der Beleg schlechthin für die mögliche Inkompetenz eines Autors, wenn er seinen eigenen Werken als Leser gegenübertritt und seine Interpretation entweder separat niederschreibt oder als Neufassung in das Werk einarbeitet. Ich wäre froh, wenn Goethe das unterlassen hätte.“ (Klaus Weimar: Goethes Gedichte 1769–1775, Schöningh Verlag, Paderborn 1984, S. 31)

Weitere Trainingsmöglichkeit

Aufgabentyp: Analyse eines literarischen Textes (hier: Auszug aus einem Drama) mit weiterführendem Schreibauftrag

Aufgabenstellung: Analysieren Sie die Schlussszene (5. Akt, letzter Auftritt) aus Friedrich Schillers Drama „Don Karlos“, indem Sie

1. den Inhalt knapp zusammenfassen und die Szene in den Handlungszusammenhang des Dramas einordnen,
2. die Beziehung zwischen den auftretenden Personen erläutern,
3. überprüfen, wer in diesem Drama die tragische Hauptfigur ist.

Friedrich Schiller

Don Karlos

ZIMMER DER KÖNIGIN

LETZTER AUFTRITT

Karlos. Die Königin. Zuletzt der König mit Gefolge.

KARLOS
in einem Mönchsgewand, eine Maske vor dem Gesichte, die er eben jetzt abnimmt, unter dem Arme ein bloßes Schwert. Es ist ganz finster. Er nähert sich einer Türe, welche geöffnet wird. Die Königin tritt heraus, im Nachtkleide, mit einem brennenden Licht. Karlos lässt sich vor ihr auf ein Knie nieder.
Elisabeth!
KÖNIGIN *mit stiller Wehmut auf seinem Anblick verweilend.*
So sehen wir uns wieder?
KARLOS So sehen wir uns wieder! *Stillschweigen.*
KÖNIGIN *sucht sich zu fassen.* Stehn Sie auf. Wir wollen
Einander nicht erweichen, Karl. Nicht durch
Ohnmächtge Tränen will der große Tote
Gefeiert werden. Tränen mögen fließen
Für kleinre Leiden! – Er hat sich geopfert
Für *Sie*! Mit seinem teuern Leben
Hat er das Ihrige erkauft – Und dieses Blut
Wär einem Hirngespinst geflossen? – Karlos!
Ich selber habe gutgesagt für Sie.
Auf meine Bürgschaft schied er freudiger
Von hinnen. Werden Sie zur Lügnerin
Mich machen?
KARLOS *mit Begeisterung.*
Einen Leichenstein will ich
Ihm setzen, wie noch keinem Könige
Geworden – Über seiner Asche blühe

Szenenbild der Aufführung im Deutschen Schauspielhaus, Hamburg (2004)

Ein Paradies!
KÖNIGIN So hab ich Sie gewollt!
Das war die große Meinung seines Todes!
Mich wählte er zu seines letzten Willens
Vollstreckerin. Ich mahne Sie. Ich werde
Auf die Erfüllung dieses Eides halten.
– Und noch ein anderes Vermächtnis legte
Der Sterbende in meine Hand – Ich gab ihm
Mein Wort – und – warum soll ich es verschweigen?
Er übergab mir seinen Karl – Ich trotze
Dem Schein – ich will vor Menschen nicht mehr zittern,
Will einmal kühn sein wie ein Freund. Mein Herz
Soll reden. Tugend nannt er unsre Liebe?
Ich glaub es ihm, und will mein Herz nicht mehr –
KARLOS
Vollenden Sie nicht, Königin – Ich habe
In einem langen, schweren Traum gelegen.
Ich liebte – Jetzt bin ich erwacht. Vergessen
Sei das Vergangne! Hier sind Ihre Briefe
Zurück. Vernichten Sie die meinen. Fürchten
Sie keine Wallung mehr von mir. Es ist
Vorbei. Ein reiner Feuer hat mein Wesen
Geläutert. Meine Leidenschaft wohnt in den Gräbern
Der Toten. Keine sterbliche Begierde
Teilt diesen Busen mehr.
Nach einem Stillschweigen ihre Hand fassend.
Ich kam, um Abschied
Zu nehmen – Mutter, endlich seh ich ein,
Es gibt ein höher, wünschenswerter Gut,
Als dich besitzen – Eine kurze Nacht
Hat meiner Jahre trägen Lauf beflügelt,
Frühzeitig mich zum Mann gereift. Ich habe
Für dieses Leben keine Arbeit mehr,
Als die Erinnerung an ihn! Vorbei
Sind alle meine Ernten –
Er nähert sich der Königin, welche das Gesicht verhüllt.
Sagen Sie
Mir gar nichts, Mutter?
KÖNIGIN Kehren Sie sich nicht
An meine Tränen, Karl – ich kann nicht anders –
Doch, glauben Sie mir, ich bewundre Sie.
KARLOS
Sie waren unsers Bundes einzige
Vertraute – Unter *diesem* Namen werden
Sie auf der ganzen Welt das Teuerste
Mir bleiben. Meine Freundschaft kann ich Ihnen
So wenig als noch gestern meine Liebe
Verschenken an ein andres Weib – Doch heilig
Sei mir die königliche Witwe, führt
Die Vorsicht mich auf diesen Thron.
Der König, begleitet vom Großinquisitor und seinen Granden, erscheint im Hintergrunde, ohne bemerkt zu werden.
Jetzt geh ich
Aus Spanien und sehe meinen Vater

Nicht wieder – Nie in diesem Leben wieder.
Ich schätz ihn nicht mehr. Ausgestorben ist
In meinem Busen die Natur – Sei'n Sie
Ihm wieder Gattin. Er hat einen Sohn
Verloren. Treten Sie in Ihre Pflichten
Zurück – Ich eile, mein bedrängtes Volk
Zu retten von Tyrannenhand. Madrid
Sieht nur als König oder nie mich wieder.
Und jetzt zum letzten Lebewohl! *Er küsst sie.*

KÖNIGIN O Karl!
Was machen Sie aus mir? – Ich darf mich nicht
Empor zu dieser Männergröße wagen;
Doch fassen und bewundern kann ich Sie.

KARLOS
Bin ich nicht stark, Elisabeth? Ich halte
In meinen Armen Sie und wanke nicht.
Von dieser Stelle hätten mich noch gestern
Des nahen Todes Schrecken nicht gerissen. *Er verlässt sie.*
Das ist vorbei. Jetzt trotz ich jedem Schicksal
Der Sterblichkeit. Ich hielt Sie in den Armen
Und wankte nicht. – Still! Hörten Sie nicht etwas?
Eine Uhr schlägt.

KÖNIGIN
Nichts hör ich als die fürchterliche Glocke,
Die uns zur Trennung lautet.

KARLOS Gute Nacht denn, Mutter.
Aus Gent empfangen Sie den ersten Brief
Von mir, der das Geheimnis unsers Umgangs
Laut machen soll. Ich gehe, mit Don Philipp
Jetzt einen öffentlichen Gang zu tun.
Von nun an, will ich, sei nichts Heimliches
Mehr unter uns. *Sie* brauchen nicht das Auge
Der Welt zu scheuen – Dies hier sei mein letzter
Betrug.
Er will nach der Maske greifen. Der König steht zwischen ihnen.

KÖNIG Es ist dein letzter!
Die Königin fällt ohnmächtig nieder.

KARLOS *eilt auf sie zu und empfängt sie mit den Armen.*
Ist sie tot?
O Himmel und Erde!

KÖNIG *kalt und still zum Großinquisitor.*
Kardinal, ich habe
Das Meinige getan. Tun Sie das Ihre. *Er geht ab.*

(1787)

Analyse und Vergleich von zwei themengleichen Gedichten

Clemens Brentano

Der Spinnerin Nachtlied

Es sang vor langen Jahren
Wohl auch die Nachtigall;
Das war wohl süßer Schall,
Da wir zusammen waren.

Ich sing und kann nicht weinen
Und spinne so allein
Den Faden klar und rein,
Solang der Mond wird scheinen.

Da wir zusammen waren,
Da sang die Nachtigall;
Nun mahnet mich ihr Schall,
Dass du von mir gefahren.

Sooft der Mond mag scheinen,
Gedenk ich dein allein;
Mein Herz ist klar und rein,
Gott wolle uns vereinen.

Seit du von mir gefahren,
Singt stets die Nachtigall;
Ich denk bei ihrem Schall,
Wie wir zusammen waren.

Gott wolle uns vereinen,
Hier spinn ich so allein,
Der Mond scheint klar und rein,
Ich sing und möchte weinen.

(1818)

Marie-Luise Kaschnitz

Einer von zweien

In meinem Gedächtnis wohnst Du
Mein Leib ist dein Haus
Mir aus den Augen siehst du den Frühling
Noch immer die rote Kastanie.

Auf dem Fluß jeden Tages
kommst du geschwommen
steigst mit jeder Sonne
Mir über den Hügel.
Hände hab ich
Zehn Finger und flinke Füße
Näher kommst du
Ich fasse dich nicht.

Ihr sollt in mir sehen
Einen von zweien
Und hinter meinen Worten
Unruhig horchen
Auf die andere Stimme.

Ihr sollt sehen wie meine Wunde
Zu glühen beginnt
Wenn die Welle kommt
Der Muschelgeruch der Häfen
Wenn im Buchenwald unsichtbar
Maisingen die Vögel.

(1962)

(Aus lizenzrechtlichen Gründen folgt dieser Text nicht der reformierten Rechtschreibung.)

Information

Textvergleich

Bei einem Vergleich zweier Texte ist immer davon auszugehen, dass die Texte
- etwas gemeinsam haben,
- sich in einzelnen Aspekten unterscheiden.

Für einen Textvergleich bieten sich die folgenden zwei Vorgehensweisen an:

a) der Vergleich als eigenständiger Textteil
Dabei geht die Analyse beider Gedichte voraus, ohne dass dabei auf das jeweils andere Gedicht Bezug genommen wird. Es folgt danach als dritter Teil der Vergleich.

b) der aspektorientierte Vergleich
Bei diesem Verfahren geht es um einen Aspekt oder mehrere zentrale Aspekte, in denen sich die Gedichte ähneln bzw. unterscheiden und anhand derer die Gedichte jeweils gemeinsam betrachtet, d. h. verglichen werden können. Man beginnt zunächst mit der Analyse des Textes, der einem am meisten zu sagen hat; der zweite Text und dessen Deutung schließen sich unmittelbar an die Deutung des ersten an; die einzelnen Aspekte des Vergleichs werden in die Deutung des zweiten Textes mit einbezogen. Die Vergleichsgesichtspunkte bieten somit den roten Faden für die Gliederung. Ein zusätzlich vergleichender Abschnitt ist dann nicht mehr notwendig.

Bei dem folgenden Gedichtvergleich wird nach der Vorgehensweise a) verfahren. Dabei besteht der Vergleich aus drei Teilen:
1. Analyse des Gedichtes „Der Spinnerin Nachtlied“ von Clemens Brentano,
2. Analyse des Gedichtes „Einer von zweien“ von Marie-Luise Kaschnitz,
3. Vergleich der beiden Gedichte.

Bei der Analyse der Gedichte wird im Sinne der folgenden Arbeitsschritte vorgegangen. Es kommen zunächst die Arbeitsschritte 1 – 3 in Betracht:

Methode

Arbeitsschritte zur Analyse eines literarischen Textes

1. Schritt: Was sagt mir der Text? Wie wirkt der Text auf mich?
Aufgabenstellung klären; Text überfliegend lesen; erste Eindrücke formulieren; nach nochmaligem Lesen ersten Verstehens- und Deutungsansatz formulieren

2. Schritt: Was steht im Text? Wie erschließe ich mir den Text?
Text durch genaues, markierendes Lesen erschließen; dabei je nach literarischer Textart die entsprechenden Fachbegriffe zur Analyse lyrischer, epischer oder dramatischer Texte nutzen

3. Schritt: Welchen Sinn hat der Text, welche Aussage macht er?
Ersten Deutungsansatz überprüfen, d. h. bestätigen, korrigieren/modifizieren oder verwerfen; aktuelle, lebenspraktische Bedeutung des Textes erschließen; Deutung durch Kontextualisierung absichern

4. Schritt: Wie gliedere ich meine Arbeitsergebnisse für die schriftliche Darstellung?
Zunächst einen Schreibplan anfertigen; gliedern nach Einleitungsteil, Hauptteil und Schlussteil (s. S. 70)

5. Schritt: Wie überarbeite ich meinen Entwurf; wie formuliere ich?
Text nach logischen, sprachlichen und orthografischen Gesichtspunkten überarbeiten; wichtig sind Leserhilfen und Lesersteuerung sowie die Verwendung sprachlicher Konnektoren, um den Text stimmig und dicht zu gestalten (s. S. 70)

1. Analyse des Textes „Der Spinnerin Nachtlied“ von Clemens Brentano

Arbeitsschritt 1: Was sagt mir der Text? Wie wirkt der Text auf mich?

1. Schreiben Sie stichwortartig alle Eindrücke und spontanen Beobachtungen auf, die Sie nach dem ersten Lesen gewonnen haben.

2. Lesen Sie den Text noch einmal. Schreiben Sie in knapper Form auf, worum es im Wesentlichen geht (Themenschwerpunkt/erster Verstehens- und Deutungsansatz).

Arbeitsschritt 2: Was steht im Text? Wie erschließe ich mir den Text?

1. Bei diesem Schritt geht es vor allem um genaues, markierendes Lesen des Textes und um das Anlegen knapper Randnotizen. Arbeiten Sie am Text und/oder notieren Sie stichwortartig.

   a) Beschreiben Sie die Rolle des lyrischen Ichs.

   b) Kennzeichnen Sie den inhaltlichen und klanglichen Aufbau des Gedichts: Strophe, Reimschema, Wortwiederholungen, Kontraste, Laute und Lautsymbolik.

   c) Erläutern Sie folgende Symbolik: Mond, Nachtigall, Spinnrad.

d) Das Gedicht ist ein für die Romantik typisches Gedicht. Weisen Sie einzelne Merkmale nach. Beachten Sie den folgenden Info-Kasten.

Information

Gedichte der Romantik lassen sich in folgender Weise kennzeichnen:

- Liebes- und Naturlyrik sind die wichtigsten Formen, gesellschaftskritische Gedichte sind kaum anzutreffen.
- Darstellung von Stimmungen
- Gedichte und ihre oft liedhafte Form haben eine deutliche Nähe zum Volkstümlichen.
- Erfahrung von Ich und Welt durch das dichterische Ich, Vertrauen auf die poetische Kraft der Sprache; Wiederaufleben der innovativen Literaturströmungen des *Sturm und Drang* und der *Empfindsamkeit* (s. S. 57) mit Schlüsselwörtern wie *Liebe, Herz, Schmerz, Sehnsucht, Abend, Nacht, Mond* ...
- *Mondschein* und *Nachtigall* als typische romantische Motive für die sehnsüchtige Erinnerung an vergangenes Glück und die Liebeserfüllung in der Gegenwart
- Universalpoesie: Aufhebung der Grenzen zwischen den einzelnen Künsten; Kunst als Ausdruck für die allgemeine Sehnsucht des Menschen nach der Auflösung aller Grenzen in einer neuen Einheit

Arbeitsschritt 3:
Welchen Sinn hat das Gedicht? Welche Aussage macht es?

(1) Fassen Sie auf der Grundlage der Ergebnisse von Schritt 2 zusammen, worum es in dem Gedicht geht. Beziehen Sie sich auch auf den vorläufigen Deutungsansatz im 1. Schritt. Verändern, korrigieren oder bestätigen Sie diesen Ansatz.

2. Analyse des Textes „Einer von zweien" von Marie-Luise Kaschnitz

Arbeitsschritt 1: Was sagt mir der Text? Wie wirkt der Text auf mich?

(1) Lesen Sie das Gedicht aufmerksam durch. Formulieren Sie stichwortartig erste Feststellungen, z. B. Eindrücke, Verstehensbarrieren, Ungewohntes sowie inhaltliche und sprachliche Besonderheiten.

(2) Formulieren Sie einen ersten, vorläufigen Deutungsansatz.

Arbeitsschritt 2: Was steht im Text? Wie erschließe ich mir den Text?

1 Lesen Sie das Gedicht sehr genau, möglicherweise mehrmals. Arbeiten Sie mit Textmarkierungen bzw. stichwortartigen Notizen am Rand. Gehen Sie dabei die einzelnen Abschnitte systematisch durch und berücksichtigen Sie die Deutungshypothese, die Sie im ersten Schritt (S. 65) herausgefunden haben. Gehen Sie vor allem auf die folgenden Aufgabenstellungen ein:

a) Weisen Sie den lyrischen Sprecher und sein Gegenüber in den einzelnen Strophen nach.

b) Ist der/die Geliebte vorhanden oder lebt er/sie nur in der Erinnerung des lyrischen Ichs?

c) Kennzeichnen Sie die Gefühle, die das lyrische Ich zum Ausdruck bringt, und weisen Sie diese am Text nach (mit Zeilenangaben).

d) Kennzeichnen Sie die Metaphorik des Textes. Welche Bedeutung könnten die Metaphern haben?

e) Untersuchen Sie, welche Merkmale moderner Lyrik das Gedicht aufweist. Berücksichtigen Sie den folgenden Info-Kasten.

Information

Das moderne Gedicht nach 1945

Nach 1945 gibt es nach wie vor Formen traditioneller Lyrik, es dominieren jedoch die Formen moderner Lyrik in unterschiedlichen Ausprägungen.
Allgemeine Merkmale moderner Lyrik sind:

- Abkehr von vertrauten Zusammenhängen der lyrischen Tradition, bedingt durch Selbstentfremdung, Sprachzweifel und Sprachskepsis, Infragestellung des eigenen Sprechens: Selbstgewissheit des Ichs ist verloren gegangen, Misstrauen gegenüber

herkömmlichen Aussageformen und Stilmitteln (vgl. den Jahrhundertumbruch vom 19. zum 20. Jahrhundert: Naturalismus, Symbolismus, Expressionismus)
- Verzicht auf regelmäßige Strophen, Reimbindung und herkömmliche Versmaße
- Formen der Montagetechnik; oft Verzicht auf eine logisch geordnete Gedankenfolge, unregelmäßige Rhythmen
- Formen konkreter oder experimenteller Poesie, bei der auf den Aussagecharakter von Sprache verzichtet wird
- Verbindung von Elementen, die verfremdend bis grotesk wirken können
- elliptische Verknappungstechnik
- Erprobung neuer syntaktischer Verfahren
- Erschwerung des Zugangs durch vieldeutige, subjektive Metaphorik
- Formen engagierter Lyrik, in der direkte politische Aussagen vermieden werden und die Kritik verschlüsselt wird
- neue Formen der Subjektivität als ein Versuch des Ichs, sich selbst zu erfahren

Arbeitsschritt 3: Welchen Sinn hat der Text? Welche Aussage macht er?

(1) Nehmen Sie Bezug auf den 1. Schritt (S. 66), indem Sie auf Ihren anfänglichen Deutungsansatz zurückgreifen und diesen bestätigen, erweitern oder neu formulieren. Fassen Sie knapp zusammen, worum es in diesem Text gehen könnte.

___

___

___

3. Vergleich: Clemens Brentano, „Der Spinnerin Nachtlied“ und Marie-Luise Kaschnitz, „Einer von zweien“

(1) Bei dem folgenden Vergleich können Sie die Erkenntnisse nutzen, die Sie bei den Arbeitsschritten 1–3 gewonnen haben (s. oben).

a) Vergleichen Sie jeweils das lyrische Ich.

„Der Spinnerin Nachtlied“: ___

___

___

„Einer von zweien“: ___

___

___

b) Vergleichen Sie jeweils die Form des Gedichts (Aufbau, Strophik, Reimschema, Metrum).

„Der Spinnerin Nachtlied“: ___

___

___

___

___

„Einer von zweien“:

c) Vergleichen Sie Bildlichkeit und Symbolik beider Gedichte.

„Der Spinnerin Nachtlied“:

„Einer von zweien“:

d) Vergleichen Sie die literarhistorischen Zusammenhänge.

„Der Spinnerin Nachtlied“:

„Einer von zweien“:

e) Vergleichen Sie die Kernaussagen.

„Der Spinnerin Nachtlied“:

„Einer von zweien“:

Arbeitsschritt 4: Wie gliedere ich meine Arbeitsergebnisse für die schriftliche Darstellung?

Methode

Gliederungsmöglichkeit

Einführung
knappe Hinweise zur Einordnung der beiden Texte: jeweils Angabe von Autor, Titel, Thematik, literarhistorischer Einordnung, Aufgabenstellung

Hauptteil
- Analyse von Text 1: Clemens Brentano, „Der Spinnerin Nachtlied" (Arbeitsschritte 1, 2 und 3, vgl. Übersicht S. 64)
- Analyse von Text 2: Marie-Luise Kaschnitz, „Einer von zweien" (Arbeitsschritte 1, 2 und 3)
- Vergleich der beiden Texte auf der Basis wichtiger Vergleichsaspekte

Schlussteil
knappe Zusammenfassung als Fazit
oder
Aussage der Gedichte und ihr Bezug zur Lebenspraxis

Arbeitsschritt 5: Wie überarbeite ich meinen Entwurf? Wie formuliere ich?

Arbeiten Sie in schriftlich-zusammenhängender Form einzelne Teile aus:
Teil 1 (Analyse des Gedichts „Der Spinnerin Nachtlied"), **Teil 2** (Analyse des Gedichts „Einer von zweien") und/oder **Vergleich** der beiden Gedichte anhand von Ihnen ausgewählter wichtiger Aspekte. Verwenden Sie dabei die Formulierungshilfen im folgenden Info-Kasten. Vergessen Sie nicht, Ihren Entwurf zu überarbeiten. Nutzen Sie dazu Leserhilfen und Möglichkeiten der Lesersteuerung sowie den Einbau sprachlicher Konnektoren (S. 19 f.).

Information

Allgemeine Formulierungshilfen für das Analysieren und Vergleichen

- **Zur äußeren Form, z. B.:**
  Das Gedicht besteht aus fünf regelmäßig gebauten Strophen ...
  Die Strophen bestehen jeweils aus ... Versen ...
  Es besitzt kein einheitliches Metrum, es ist in freien Rhythmen gestaltet ...
  Die Verse folgen dem Reimschema ...
  Sie folgen keinem einheitlichen Reimschema und Metrum ...

- **Zum Aufbau und zur Gedankenführung, z. B.:**
  Die zentrale Aussage des Gedichts wird bereits in der Überschrift zum Ausdruck gebracht ...
  Das Gedicht zeigt eine deutliche Inhaltsstruktur ...
  Die formale Struktur des Textes ist uneinheitlich ...
  Das Gedicht zeigt deutlich das Bauschema eines ...
  In abgewandelter Form wird die Aussage noch einmal mit dem abschließenden Vers betont ...
  Die erste Strophe enthält den Gedanken, dass ...
  In der zweiten und dritten Strophe wird dieser Gedanke wieder aufgenommen ...
  Das Bild in der ... Strophe betont diesen Aspekt ...
  Die nächste Verszeile variiert den Gedanken ...
  In der nächsten Verszeile wird ein völlig neuer Gedanke angesprochen ...
  Der Text zeigt einen antithetischen Aufbau ...
  Der parallele Aufbau der Strophen verdeutlicht ...
  Die inhaltlichen Variationen in den einzelnen Strophen machen deutlich ...

Das bewegt wirkende Metrum unterstreicht ...

- **Zum lyrischen Ich/lyrischen Sprecher, z. B.:**
  Es/er gibt sich als ... zu erkennen ...
  Es/er äußert sich in bitterer Ironie/Wehmut und zärtlicher Erinnerung ...
  Es/er wendet sich an ein Du ...
  Es/er appelliert direkt an den Leser ...
  Es/er stellt sich die Frage ...

- **Zur literarhistorischen Einordnung und zu anderen textexternen Zusammenhängen, z. B.:**
  Das Gedicht drückt ein für die Zeit des/der ... typisches Lebensgefühl aus ...
  Form und Inhalt des Gedichts zeigen deutliche Merkmale eines ...
  Es gehört zu einer Reihe von Gedichten des Verfassers, die ...
  Es zeigt deutliche Bezüge zum ...
  Das Gedicht dokumentiert deutlich ...

Weitere Trainingsmöglichkeit

Aufgabentyp: Vergleichende Analyse von zwei literarischen Texten
Aufgabenstellung: Vergleichen Sie die Gedichte „Robinson" von Christa Reinig und „Robinson I" von Karl Krolow. Gehen Sie bei diesem Vergleich auf Überschrift, Kernaussage und auffallende Textmerkmale ein.

Christa Reinig

Robinson

Manchmal weint er wenn die worte
still in seiner kehle stehn
doch er lernt an seinem orte
schweigend mit sich umzugehn

und erfindet alte dinge
halb aus not und halb im spiel
splittert stein zur messerklinge
schnürt die axt an einen stiel

kratzt mit einer muschelkante
seinen namen in die wand
und der allzu oft genannte
wird ihm langsam unbekannt

(1984)

Karl Krolow

Robinson I

Immer wieder strecke ich meine Hand
Nach einem Schiff aus.
Mit der bloßen Faust versuche ich,
Nach seinem Segel zu greifen.
Anfangs fing ich
Verschiedene Fahrzeuge, die sich
Am Horizont zeigten.
Ich fange Forellen so.
Doch der Monsun sah mir
Auf die Finger
Und ließ sie entweichen,
Oder Ruder und Kompass
Brachen. Man muss
Mit Schiffen zart umgehen.
Darum rief ich ihnen Namen nach.
Sie lauteten immer
Wie meiner.

Jetzt lebe ich nur noch
In Gesellschaft mit dem Ungehorsam
Einiger Worte.

(1965)

Analyse und Vergleich von Dramenausschnitten

Johann Wolfgang Goethe

Faust I

Am Brunnen[1]

Gretchen und Lieschen mit Krügen.

LIESCHEN. Hast nichts von Bärbelchen gehört?
GRETCHEN. Kein Wort. Ich komm gar wenig unter Leute.
LIESCHEN. Gewiss, Sibylle sagt' mir's heute:
Die hat sich endlich auch betört.[2]
Das ist das Vornehmtun!
GRETCHEN. Wieso?
LIESCHEN. Es stinkt!
Sie füttert zwei, wenn sie nun isst und trinkt.
GRETCHEN. Ach!
LIESCHEN. So ist's ihr endlich recht ergangen.
Wie lange hat sie an dem Kerl gehangen!
Das war ein Spazieren,
Auf Dorf- und Tanzplatzführen,
Musst überall die Erste sein,
Kurtesiert' ihr immer mit Pastetchen und Wein;
Bild't' sich was auf ihre Schönheit ein,
War doch so ehrlich, sich nicht zu schämen,
Geschenke von ihm anzunehmen.[3]
War ein Gekos und ein Geschleck;
Da ist dann auch das Blümchen weg!
GRETCHEN. Das arme Ding!
LIESCHEN. Bedauerst sie noch gar!
Wenn unsereins am Spinnen war,
Uns nachts die Mutter nicht hinunterließ,
Stand sie bei ihrem Buhlen süß,
Auf der Türbank und im dunkeln Gang
Ward ihnen keine Stunde lang.
Da mag sie denn sich ducken nun,
Im Sünderhemdchen Kirchbuß[4] tun!
GRETCHEN. Er nimmt sie gewiss zu seiner Frau.
LIESCHEN. Er wär ein Narr! Ein flinker Jung
Hat anderwärts noch Luft genung.
Er ist auch fort.
GRETCHEN. Das ist nicht schön!
LIESCHEN. Kriegt sie ihn, soll's ihr übel gehn.
Das Kränzel[5] reißen die Buben ihr,
Und Häckerling[6] streuen wir vor die Tür! *(Ab.)*
GRETCHEN *(nach Hause gehend).*
Wie konnt ich sonst so tapfer schmälen,
Wenn tät ein armes Mägdlein fehlen[7]!

---

[1] Treffpunkt der Wasser holenden Mädchen in Dörfern und kleinen Städten
[2] eigene Schuld, da sie sich hat betören lassen
[3] bedeutet Leichtfertigkeit
[4] öffentliche Bloßstellung mit Worten von der Kanzel
[5] wird vom Haupt der Braut gerissen, die sich dem Verlobten zu früh hingegeben hat
[6] kleingehäckseltes Stroh
[7] Fehler machen, Fehltritt tun

Wie konnt ich über andrer Sünden
Nicht Worte gnug der Zunge finden!
Wie schien mir's schwarz und schwärzt's[1] noch gar,
Mir's immer doch nicht schwarz gnug war,
Und segnet' mich[2] und tat so groß,
Und bin nun selbst der Sünde bloß[3]!
Doch – alles, was dazu mich trieb,
Gott! War so gut! Ach war so lieb!

Zwinger[4]

In der Mauerhöhle ein Andachtsbild der Mater dolorosa[5], Blumenkrüge davor. Gretchen steckt frische Blumen in die Krüge.

Ach neige,
Du Schmerzenreiche,
Dein Antlitz gnädig meiner Not!

Das Schwert[6] im Herzen
Mit tausend Schmerzen
Blickst auf zu deines Sohnes Tod.

Zum Vater blickst du
Und Seufzer schickst du
Hinauf um sein' und deine Not.

Wer fühlet,
Wie wühlet
Der Schmerz mir im Gebein?
Was mein armes Herz hier banget,
Was es zittert, was verlanget,
Weißt nur du, nur du allein!

Wohin ich immer gehe,
Wie weh, wie weh, wie wehe
Wird mir im Busen hier!
Ich bin, ach, kaum alleine,
Ich wein, ich wein, ich weine,
Das Herz zerbricht in mir.

Szene aus „Faust I", Aufführung im Stadttheater Gießen (1997/1998)

Die Scherben vor meinem Fenster
Betaut ich mit Tränen, ach!
Als ich am frühen Morgen
Dir diese Blumen brach.

Schien hell in meine Kammer
Die Sonne früh herauf,
Saß ich in allem Jammer
In meinem Bett schon auf.

Hilf! Rette mich von Schmach und Tod!
Ach neige,
Du Schmerzenreiche,
Dein Antlitz gnädig meiner Not! (1808)

[1] das schwarz Gemachte noch immer nicht schwarz genug finden
[2] Kreuz über sich als Dank schlagen; Zeichen selbstgerechter Erhebung über die Unglücklichen
[3] der Sünde ohne Deckung gegenüberstehen
[4] Raum zwischen der inneren und äußeren Stadtmauer
[5] Maria, die Schmerzenreiche; Gegensatz zu „mater gloriosa" am Ende des „Faust"
[6] Luk. 2, 35: Es wird ein Schwert durch deine Seele dringen.

Georg Büchner

Woyzeck

Woyzeck und Marie (Szenenbild aus der Verfilmung mit Klaus Kinski, 1979)

[15] Kramladen

Woyzeck. Der Jude.

WOYZECK: Das Pistolche ist zu teuer.

JUD: Nu, kauft's oder kauft's nit, was is?

WOYZECK: Was kost das Messer?

JUD: S' is ganz, grad. Wollt Ihr Euch den Hals mit abschneide? Nu, was is es? Ich geb's Euch so wohlfeil wie ein andrer, Ihr sollt Euern Tod wohlfeil haben, aber doch nit umsonst. Was is es? Er soll nen ökonomischen Tod habe.

WOYZECK: Das kann mehr als Brot schneide.

JUD: Zwee Grosche.

WOYZECK: Da! *(Geht ab.)*

JUD: Da! Als ob's nichts wär. Und s' is doch Geld. Der Hund.

[16] Kammer

Marie. Der Narr.

MARIE *(blättert in der Bibel)*: „Und ist kein Betrug in seinem Munde erfunden" – Herrgott! Herrgott! Sieh mich nicht an. *(Blättert weiter.)* „Aber die Pharisäer brachten ein Weib zu ihm, im Ehebruch begriffen, und stelleten sie in's Mittel dar. – Jesus aber sprach: So verdamme ich dich auch nicht. Geh hin und sündige hinfort nicht mehr." *(Schlägt die Hände zusammen.)* Herrgott! Herrgott! Ich kann nicht. Herrgott, gib mir nur so viel, dass ich beten kann. *(Das Kind drängt sich an sie.)* Das Kind gibt mir einen Stich ins Herz. Karl! Das brüst'[1] sich in der Sonne.

NARR *(liegt und erzählt sich Märchen an den Fingern)*: Der hat die golden Kron, der Herr König. Morgen hol ich der Frau Königin ihr Kind. Blutwurst sagt: Komm Leberwurst! *(Er nimmt das Kind und wird still.)*

MARIE: Der Franz ist nit gekomm, gestern nit, heut nit, es wird heiß hier. *(Sie macht das Fenster auf.)*
„Und trat hinein zu seinen Füßen und weinete und fing an seine Füße zu netzen mit Tränen und mit den Haaren ihres Hauptes zu trocknen und küssete seine Füße und salbete sie mit Salben." *(Schlägt sich auf die Brust.)* Alles tot! Heiland, Heiland, ich möchte dir die Füße salben.

[17] Kaserne

Andres. Woyzeck kramt in seinen Sachen.

WOYZECK: Das Kamisolche[2], Andres, ist nit zur Montur, du kannst's brauche, Andres. Das Kreuz is meiner Schwester und das Ringlein, ich hab auch noch ein Heiligen, zwei Herz und schön Gold, es lag in meiner Mutter Bibel, und da steht:

Leiden sei all mein Gewinst,

---

[1] südhessisch: wärmt

[2] (frz.) kurze/s, ärmellose/s Unterhemd oder -jacke

Leiden sei mein Gottesdienst.
Herr wie dein Leib war rot und wund,
So lass mein Herz sein aller Stund.
Mei Mutter fühlt nur noch, wenn ihr die Sonn auf die Händ scheint. Das tut nix.

ANDRES *(ganz starr, sagt zu allem)*: Jawohl.

WOYZECK *(zieht ein Papier hervor)*: Friedrich Johann Franz Woyzeck, Wehrmann, Füsilier[1] im 2. Regiment, 2. Bataillon, 4. Compagnie, geb. Mariä Verkündigung, ich bin heut alt 30 Jahr, 7 Monat und 12 Tage.

ANDRES: Franz, du kommst in's Lazarett. Armer, du musst Schnaps trinke und Pulver drin, das tödt das Fieber.

WOYZECK: Ja, Andres, wann der Schreiner die Hobelspän[2] sammlet, es weiß niemand, wer sein Kopf drauflege wird.

(1879)

---

[1] Infanterist
[2] Sargmetapher

Will man literarische Texte, z. B. zwei Dramenausschnitte, miteinander vergleichen, bieten sich vor allem zwei Möglichkeiten des Vorgehens und der Gliederung an.

Methode

Textvergleich

a) Man analysiert in knapper Form die beiden Texte hintereinander und schließt den Vergleich als dritten Teil an, indem die Ergebnisse der Analyse der beiden Einzeltexte gebündelt und systematisch miteinander verglichen werden.
Im Überblick:

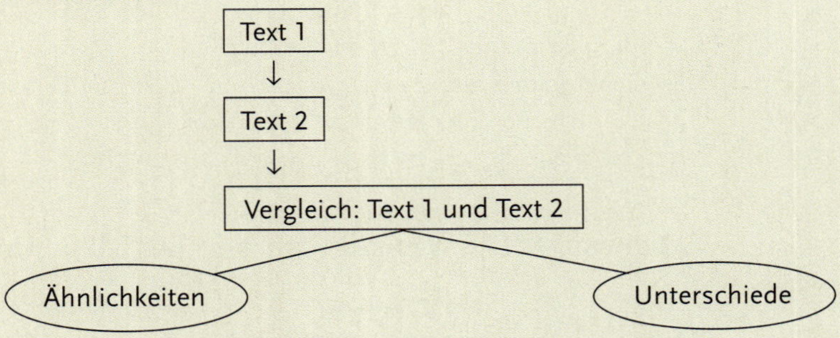

b) Zunächst wird einer der beiden Texte analysiert; man beginnt am besten mit dem Text, der einem am meisten zu sagen hat. An die Analyse des ersten Textes schließt die Analyse des zweiten Textes an, und zwar so, dass während der Analyse des zweiten Textes bereits Vergleichsgesichtspunkte (Gemeinsamkeiten/Unterschiede) einbezogen werden. Den roten Faden dieses zweiten Teils bilden also die Vergleichskriterien.
Im Überblick:

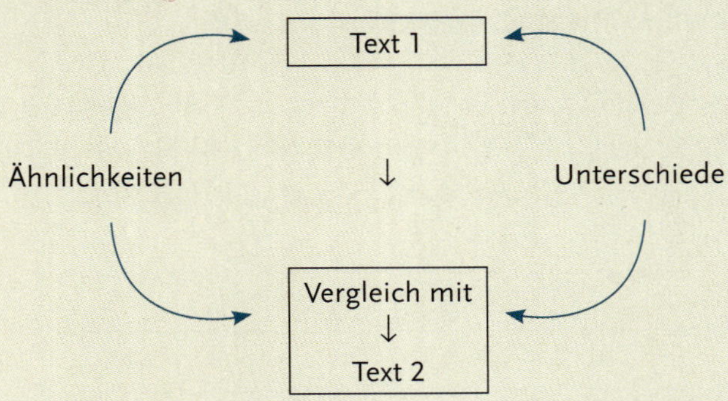

Im Folgenden wird das Vorgehen der Möglichkeit b) gewählt.
Für die Analyse der Dramenausschnitte wird die Fünf-Schritte-Folge empfohlen. Im Hinblick auf Text 1 sind allerdings zunächst nur die Schritte 1 – 3 von Bedeutung.

Methode

Schrittfolge zur Analyse eines literarischen Textes

1. Schritt: **Was sagt mir der Text, wie wirkt der Text auf mich?**
Aufgabenstellung klären; Text überfliegend lesen; ersten Verstehenseindruck und Verstehensansatz formulieren
2. Schritt: **Was steht im Text?**
Text durch genaues (ggf. wiederholtes) markierendes Lesen erschließen
3. Schritt: **Welchen Sinn hat der Text? Welche Aussage macht er?**
Deutungshypothese (vgl. Schritt 1) überprüfen; Deutung durch Einzelheiten aus dem Text und durch Kontextualisierung absichern, Mehrdeutigkeit zulassen
4. Schritt: **Wie gliedere ich meine schriftliche Darstellung?**
Schreibplan anfertigen, Aufbau festlegen
5. Schritt: **Wie formuliere ich? Wie überarbeite ich meinen Entwurf?**
Schlüssigkeit, Ausdruck, Orthografie und Zeichensetzung überprüfen

1. Analyse der Szene *Zwinger* („Faust 1")

Der zu analysierenden Szene *Zwinger* geht die Szene *Am Brunnen* voraus. Diese sind Teile der Gretchen-Tragödie; sie ist im Rahmen des Gesamtwerks „Faust" ein in sich geschlossener Dramenteil.
Vorgeschichte: Margarete, genannt Gretchen, hatte in ihrem Liebesverhältnis zu dem Gelehrten Heinrich Faust die Erfüllung ihrer Liebe gefunden. Sie hat sich als geistig gereifte junge Frau bewusst gegen die Normen ihrer kleinen Welt und deren kleinbürgerliche Moralvorstellungen entschieden und ist bereit, für ihre Liebe alles auf sich zu nehmen. Am Beispiel des verhöhnten Mädchens Bärbelchen wird Gretchen, die selbst ein Kind erwartet, in dem Dialog am Brunnen klar, welches Schicksal sie selbst zu erwarten hat. Sie kann den Konflikt nicht durchhalten und tötet später – allein gelassen und verstoßen – in auswegloser Verzweiflung und geistiger Umnachtung ihr Kind.

Arbeitsschritt 1: Was sagt mir der Text? Wie wirkt der Text auf mich?

(1) Lesen Sie beide Szenen zunächst überfliegend; formulieren Sie zur Szene *Zwinger* erste Eindrücke und einen ersten Verstehensansatz.

___

___

___

Arbeitsschritt 2: Was steht im Text?

(1) Erschließen Sie den Text durch genaues Lesen. Gehen Sie auf folgende Einzelheiten ein (Sie können dazu Textstellen markieren und Randnotizen machen).

a) In welcher Situation befindet sich die betende Person?

___

___

___

___

b) Beschreiben Sie Redeform, Inhalt, Aufbau, Adressatin und sprachliche Machart des Gebets.

c) Was sagt die vorausgehende Szene über die Gefühlslage Gretchens und ihre Einstellung gegenüber dem Geschehenen aus?

Arbeitsschritt 3:
Welchen Sinn hat der Text? Welche Aussage macht er?

1. Inwiefern könnte der Zwinger die Situation Gretchens verdeutlichen?

2. Was könnten die Blumen zum Ausdruck bringen?

3. Welche Aussagefunktion könnte die Unterschiedlichkeit der Strophen, Reime und Metren haben?

4. Überprüfen Sie Ihren ersten und vorläufigen Verstehensansatz aus Schritt 1.

2. Analyse der Szene [16] *Kammer* („Woyzeck")
mit vergleichendem Bezug zur Szene *Zwinger* („Faust I")

Arbeitsschritt 1: Was sagt mir der Textausschnitt? Wie wirkt er auf mich? Was unterscheidet ihn von dem Ausschnitt *Zwinger* („Faust I")?

(1) Lesen Sie alle drei Szenen überfliegend. Formulieren Sie zu der Szene *Kammer*, was Ihnen besonders, vor allem im Vergleich zu der Szene *Zwinger* („Faust I"), auffällt.

______

______

______

Arbeitsschritt 2: Was steht im Textausschnitt *Kammer*? Wie unterscheidet er sich von dem Textausschnitt *Zwinger*?

(1) Beschreiben Sie inhaltliche und sprachliche Details des Ausschnittes *Kammer*.

______

______

______

______

______

______

______

(2) Worin liegen die grundsätzlichen Unterschiede zum Ausschnitt *Zwinger*?

______

______

______

______

(3) Inwieweit geht es in beiden Texten um das Thema Beten?

- *Kammer* („Woyzeck")

  ______

  ______

  ______

- *Zwinger* („Faust I")

  ______

  ______

  ______

Arbeitsschritt 3: Um welche Aussage geht es in den Szenen *Kammer* („Woyzeck") und *Zwinger* („Faust 1")?

(1) Wie unterscheidet sich die Einstellung der beiden Frauen?

	Marie	Gretchen
Gefühlszustand		
Schuldgefühle		
Disposition zum Gebet		
Fähigkeit zu beten, d. h. Kommunikation/Kontakt zum göttlichen Du aufzunehmen		
Aussicht und Hoffnung auf Erhörung		

(2) Welche Bedeutung haben jeweils die vorausgehenden Szenen bzw. die nachfolgende Szene?

- *Kammer:* Szenen 15 und 17
- *Zwinger:* Szene *Am Brunnen*

Arbeitsschritt 4: Wie gliedere ich meine schriftliche Darstellung?

Im Sinne der gewählten Vergleichsmethode (vgl. S. 75/76) kann die schriftliche Darstellung in folgender Weise gegliedert werden:

Einführung: knappe Hinweise zur Aufgabenstellung (Vergleich) und zur Einordnung der beiden Textausschnitte: jeweils Angabe von Autor, Titel des Dramas, Thematik der Ausschnitte

Hauptteil: 1. Analyse von Text 1,
2. Analyse von Text 2, zugleich Vergleich mit Text 1

Schlussteil: Zusammenfassung/Weiterführung: ähnliche Thematik/Unterschiede hinsichtlich literaturgeschichtlicher Einordnung, Weltbild und Gottesbild der Verfasser

Arbeitsschritt 5: Wie formuliere ich? Wie überarbeite ich meinen schriftlichen Entwurf?

Der folgende Text stellt einen Ausschnitt aus der Analyse eines Schülers dar.

[...] Ich komme nun zum zweiten Text, zur Szene *Kammer* [16], einem Ausschnitt aus Büchners Drama „Woyzeck". Im Vergleich zur Szene *Zwinger* aus Goethes Drama „Faust I" fällt auf, dass es auch hier um eine religiöse Thematik geht. Insbesondere ist dies an den unterschiedlichen Bibelstellen nachzuweisen. Ebenso geht es auch hier um das Thema Beten. Die Szene *Kammer* (Büchner) unterscheidet sich allerdings in der sprachlichen Form völlig von dem durch Strophe, Reim und Metrum geformten Gebet der Szene *Zwin-*

ger (Goethe). In Büchners Dramenausschnitt handelt es sich um ungereimte Prosa, Umgangssprache und eingestreute Bibelzitate, fast könnte man von einer Montage sprechen. Worum geht es thematisch in dieser Szene? Marie Zickwolf, die mit dem einfachen Soldaten Franz Woyzeck zusammenlebt und mit ihm ein Kind hat – beide gehören der gesellschaftlichen Schicht der Ärmsten an –, quält sich beim Lesen bestimmter Bibelstellen und beim Anblick ihres Kindes mit Gefühlen der Reue und der Schuld. Sie möchte beten, aber es gelingt ihr nicht. Zu einer tiefgehenden Reflexion und Änderung ihres Verhaltens ist sie kaum fähig, auch wenn sie sich fragt, warum Woyzeck fortgeblieben ist. Dies könnte ja vielleicht darauf hindeuten, dass sie das Gewesene ungeschehen machen möchte und sich Woyzeck zurückwünscht. Aber ihre Gedanken bleiben Gedankenfetzen, sind nicht zu Ende gedacht. Ihr Bedauern stürzt sie in tiefe Trostlosigkeit. Ihre knappen, unbeholfenen Worte „Alles tot" verstärken die Atmosphäre der totalen Trostlosigkeit. Die Einbindung dieser Szene durch die Szenen [15] (Woyzeck kauft das Messer für den Mord) und die Szene [17] (Woyzeck macht sein „Testament" und verschenkt seine armselige Habe an Andres) verstärken den Eindruck: Maries weiteres Schicksal und ihr Tod sind bereits besiegelt. Im Vergleich dazu geht es in der Szene *Zwinger* darum, dass Marie (siehe auch die vorausgehende Szene *Brunnen*) klar ist, dass ihr Geliebter, der Gelehrte Heinrich Faust – Gretchen und Faust gehören verschiedenen Lebenskreisen an –, sie verlassen hat, dass sie ein Kind von ihm erwartet und daher gesellschaftliche Ächtung zu erwarten hat. Sie betet zur Gottesmutter, der Schmerzenreichen, und bittet um Beistand. Sie spricht in diesem Gebet nicht von ihrer Schuld, sondern bittet um Rettung von Schmach und Tod. Im Folgenden möchte ich die sprachliche Form, Bedeutung und Wirkung der beiden Szenen untersuchen. Marie blättert in der Bibel. Ihr Monolog besteht aus einer Folge von Bibelzitaten, kurzen Ausrufen, Wortwiederholungen, einfachsten Sätzen. Die einfache Sprache kennzeichnet Marie als Vertreterin der unteren Gesellschaftsschicht. Ihre Gebete – besser Gebetsversuche – zerfallen, ein Kontakt in Form einer Kommunikation mit Gott kommt nicht zustande; Marie bleibt in sich selbst und in ihrer Sprachlosigkeit gefangen. Die unausgesprochene, nur halb bewusste Schuld scheint sie zu erdrücken. Der Narr, der einzelne Märchenstellen aneinanderreiht, verkörpert den Armen in seiner extremen Form. Zu einem Dialog zwischen den beiden Personen kommt es ebenso wenig wie zu einem Dialog mit Gott. Sein Plappern von Märchenzitaten und Wunschträumen könnte bedeuten, dass ein Narr ist, wer an die Frohe Botschaft, an die Hoffnung auf Vergebung durch einen gütigen Gott glaubt, der Gebete erhört. Dies verstärkt den Eindruck von einer trostlosen und verschlossenen Welt. Die Sprache dieser Szene verweist auf den dumpfen, halb bewussten Gemütszustand Maries, die sich nicht aussprechen kann und deren Worte keine befreiende Wirkung haben. Ganz anders ist die Sprache in der Szene *Zwinger*. Gretchen, die sich sehr genau bewusst ist, was auf sie zukommt und aus welchen Motiven heraus sie schuldig geworden ist („[...] alles, was dazu mich trieb,/Gott! War so gut! Ach war so lieb!"), die im Zwinger einen Schutzraum bei der Madonna findet, spricht ein Gebet. Sie weiß genau, mit wem sie spricht; sie redet die Gottesmutter als mater dolorosa an und erinnert sie an ihren eigenen Schmerz. Sie bittet um Beistand und um Rettung von Schmach und Tod. Immer spricht sie die Gottesmutter mit Du an; sie ist sich ihres Beistands sicher; die Blumen können vielleicht als ein Ausdruck ihrer Demut und Opferbereitschaft angesehen werden. Ihr Gebet macht deutlich, dass sie sich der Muttergottes und dem barmherzigen und verzeihenden Gott anvertraut. Das Gebet mit unterschiedlicher Strophenlänge und unterschiedlichem Metrum, ihr Stammeln und ihr Aufschrei am Schluss könnten verdeutlichen, dass es sich nicht um eine Gebetsformel, sondern um einen persönlich-emotionalen Monolog handelt. Im Vergleich dazu findet Marie nicht zu einem solchen persönlichen Gebet. Ihre Worte sind kaum mehr als der Versuch, ihren alten Kinderglauben wiederzubeleben. Aus der für sie trostlos verschlossenen Welt gibt es keinen Ausweg. Demgegenüber verliert in dem Goethes Werk zugrunde liegenden Heilsplan Mephisto seine Wette. Gretchen, die eigentliche Gegenspielerin Mephistos, fällt später in geistige Umnachtung und büßt für ihr Vergehen; sie erfährt seelische Rettung und Vergebung, Faust wird erlöst, auch durch die Fürsprache Gretchens. Sie erscheint im Schlussteil (von Faust II) im Chor der Seligen; ihre Worte sind deutlich auf dieses Gebet bezogen: „Neige,

neige, Du Ohnegleichen/Du Strahlengleiche,/Dein Antlitz gnädig meinem Glück!/[...]". [...]

(Christoph Schneider, Jg. 12)

(1) Inwieweit hat der Verfasser im Sinne des Gliederungsvorschlags (S. 79) gearbeitet?

(2) Welche Vorzüge, welche Nachteile sehen Sie in diesem Verfahren des Vergleichs?

(3) Markieren Sie im Schülertext Formulierungen/Konnektoren, die besonders den Vergleich zwischen den beiden Dramenausschnitten betonen.

(4) Unterstreichen Sie oder markieren Sie mit einer anderen Farbe Formulierungen, mit denen vorsichtig auf verschiedene Deutungsmöglichkeiten hingewiesen wird, d. h. die Mehrdeutigkeit von Zusammenhängen betont wird.

(5) Überarbeiten Sie den Schülertext, indem Sie z. B.

- den Text durch Abschnitte gliedern,
- in den Text weitere sprachliche Konnektoren und Leserhilfen einbauen,
- den Text ergänzen, z. B. zusätzliche Zitate oder Zeilenangaben einbringen (Sie können auch den Textrand nutzen).

Zeile

Zeile

Zeile

(6) Formulieren Sie einen kurzen Einleitungsteil (Hinweise s. Seite 79).

Weitere Trainingsmöglichkeit

Aufgabentyp: Analyse eines literarischen Textes mit weiterführendem Arbeitsauftrag

Aufgabenstellung: Analysieren Sie den folgenden Szenenausschnitt aus dem Drama „Dantons Tod“ von Georg Büchner:

1. Geben Sie den Inhalt der Szene zusammenfassend wieder und ordnen Sie diese in den Zusammenhang des Dramas ein.

2. Analysieren Sie das Gespräch im Hinblick auf die Einstellung Dantons und seiner Gefährten und im Hinblick auf Büchners Selbstdeutung. Beziehen Sie dazu den folgenden Ausschnitt aus Büchners Brief vom März 1834 mit ein.

[...] Ich studierte die Geschichte der Revolution. Ich fühlte mich wie zernichtet unter dem grässlichen Fatalismus der Geschichte. Ich finde in der Menschennatur eine entsetzliche Gleichheit, in den menschlichen Verhältnissen eine unabwendbare Gewalt, allen und keinem verliehen. Der Einzelne nur Schaum auf der Welle, die Größe ein bloßer Zufall, die Herrschaft des Genies ein Puppenspiel, ein lächerliches Ringen gegen ein ehernes Gesetz, es zu erkennen das Höchste, es zu beherrschen unmöglich. Es fällt mir nicht mehr ein, vor den Paradegäulen[1] und Ecktehern[2] der Geschichte mich zu bücken. Ich gewöhnte mein Auge ans Blut. Aber ich bin kein Guillotinenmesser. Das *muss* ist eins von den Verdammungsworten, womit der Mensch getauft worden. Der Ausspruch: es muss ja Ärgernis kommen, aber wehe dem, durch den es kommt, ist schauderhaft. Was ist das, was in uns lügt, mordet, stiehlt? [...]

[1] hier: für ihre Auftritte vor der Öffentlichkeit kostümierte und dekorierte Herrscher
[2] hier: Höflinge der Mächtigen, unbedeutende Zeitgenossen

Georg Büchner

Dantons Tod

ZWEITER AKT

[Erste Szene]

Ein Zimmer

Danton. Lacroix. Philippeau. Paris. Camille Desmoulins.

CAMILLE. Rasch, Danton, wir haben keine Zeit zu verlieren!

DANTON *(er kleidet sich an)*. Aber die Zeit verliert uns. Das ist sehr langweilig, immer das Hemd zuerst und dann die Hosen darüber zu ziehen und des Abends ins Bett und morgens wieder herauszukriechen und einen Fuß immer so vor den anderen zu setzen; da ist gar kein Absehen, wie es anders werden soll. Das ist sehr traurig, und dass Millionen es schon so gemacht haben, und dass Millionen es wieder so machen werden, und dass wir noch obendrein aus zwei Hälften bestehen, die beide das Nämliche tun, sodass alles doppelt geschieht – das ist sehr traurig.

CAMILLE. Du sprichst in einem ganz kindlichen Ton.

DANTON. Sterbende werden oft kindisch.

LACROIX. Du stürzest dich durch dein Zögern ins Verderben, du reißt alle deine Freunde mit dir. Benachrichtige die Feiglinge, dass es Zeit ist, sich um dich zu versammeln, fordere sowohl die vom Tale als die vom Berge auf! Schreie über die Tyrannei der Dezemvirn[1], sprich von Dolchen,

[1] Die zehn Mitglieder des Wohlfahrtsausschusses

rufe Brutus an, dann wirst du die Tribunen erschrecken und selbst die um dich sammeln, die man als Mitschuldige Héberts bedroht! Du musst dich deinem Zorn überlassen. Lasst uns wenigstens nicht entwaffnet und erniedrigt wie der schändliche Hébert sterben!

DANTON. Du hast ein schlechtes Gedächtnis, du nanntest mich einen toten Heiligen. Du hattest mehr recht, als du selbst glaubtest. Ich war bei den Sektionen; sie waren erfurchtsvoll, aber wie Leichenbitter. Ich bin eine Reliquie, und Reliquien wirft man auf die Gasse, du hattest recht.

LACROIX. Warum hast du es dazu kommen lassen?

DANTON. Dazu? Ja, wahrhaftig, es war mir zuletzt langweilig. Immer im nämlichen Rock herumzulaufen und die nämlichen Falten zu ziehen! Das ist erbärmlich. So ein armseliges Instrument zu sein, auf dem eine Saite immer nur einen Ton angibt! – 's ist nicht zum Aushalten. Ich wollte mir's bequem machen. Ich habe es erreicht; die Revolution setzt mich in Ruhe, aber auf andere Weise, als ich dachte. Übrigens, auf was sich stützen? Unsere Huren könnten es noch mit den Guillotinen-Betschwestern aufnehmen; sonst weiß ich nichts. Es lässt sich an den Fingern herzählen; die Jakobiner haben erklärt, dass die Tugend an der Tagesordnung sei, die Cordeliers nennen mich Héberts Henker, der Gemeinderat tut Buße, der Konvent – das wäre noch ein Mittel! aber es gäbe einen 31. Mai, sie würden nicht gutwillig weichen. Robespierre ist das Dogma der Revolution, es darf nicht ausgestrichen werden. Es ginge auch nicht. Wir haben nicht die Revolution, sondern die Revolution hat uns gemacht.

Und wenn es ginge – ich will lieber guillotiniert werden als guillotinieren lassen. Ich hab es satt; wozu sollen wir Menschen miteinander kämpfen? Wir sollten uns nebeneinander setzen und Ruhe haben. Es wurde ein Fehler gemacht, wie wir geschaffen wurden; es fehlt uns etwas, ich habe keinen Namen dafür – aber wir werden es einander nicht aus den Eingeweiden herauswühlen, was sollen wir uns drum die Leiber aufbrechen? Geht, wir sind elende Alchymisten!

CAMILLE. Pathetischer gesagt, würde es heißen: wie lange soll die Menschheit in ewigem Hunger ihre eignen Glieder fressen? oder: wie lange sollen wir Schiffbrüchige auf einem Wrack in unlöschbarem Durst einander das Blut aus den Adern saugen? oder: wie lange sollen wir Algebraisten im Fleisch beim Suchen nach dem unbekannten, ewig verweigerten X unsere Rechnungen mit zerfetzten Gliedern schreiben?

DANTON. Du bist ein starkes Echo.

CAMILLE. Nicht wahr, ein Pistolenschuss schallt gleich wie ein Donnerschlag. Desto besser für dich, du solltest mich immer bei dir haben.

PHILIPPEAU. Und Frankreich bleibt seinen Henkern?

DANTON. Was liegt daran? Die Leute befinden sich ganz wohl dabei. Sie haben Unglück; kann man mehr verlangen, um gerührt, edel, tugendhaft oder witzig zu sein, oder um überhaupt keine Langeweile zu haben? – Ob sie nun an der Guillotine oder am Fieber oder am Alter sterben! Es ist noch vorzuziehen, sie treten mit gelenken Gliedern hinter die Kulissen und können im Abgehen noch hübsch gestikulieren und die Zuschauer klatschen hören. Das ist ganz artig und passt für uns; wir stehen immer auf dem Theater, wenn wir auch zuletzt im Ernst erstochen werden.

Es ist recht gut, dass die Lebenszeit ein wenig reduziert wird; der Rock war zu lang, unsere Glieder konnten ihn nicht ausfüllen. Das Leben wird ein Epigramm, das geht an; wer hat auch Atem und Geist genug für ein Epos in fünfzig oder sechzig Gesängen? 's ist Zeit, dass man das bisschen Essenz nicht mehr aus Zubern, sondern aus Likörgläschen trinkt; so bekommt man doch das Maul voll, sonst konnte man kaum einige Tropfen in dem plumpen Gefäß zusammenrinnen machen.

Endlich – ich müsste schreien; das ist mir der Mühe zu viel, das Leben ist nicht die Arbeit wert, die man sich macht, es zu erhalten.

PARIS. So flieht, Danton!

DANTON. Nimmt man das Vaterland an den Schuhsohlen mit?

Und endlich – und das ist die Hauptsache: sie werden's nicht wagen. (*Zu Camille:*) Komm, mein Junge; ich sage dir, sie werden's nicht wagen. Adieu, adieu! *(Danton und Camille ab.)*

PHILIPPEAU. Da geht er hin. [...]

(1835)

Danton besteigt das Schafott (Radierung von Tony Johannot, um 1840)

Erörterung im Anschluss an einen Sachtext

Unsere Sprache hat's verdient

Leitartikel von Rolf Dressler

> „Sprache und Denken gehören zusammen wie die zwei Seiten eines Blattes Papier."
> Lebensweisheit

Deutsch ist eine wundervolle Sprache. Von großartiger Vielfalt. Und eben deshalb bedarf sie der Hege und Pflege.

Genau dieses tiefere Empfinden aus eigenem, sehr bewusstem Erleben brachte die weltbekannte Sopranistin und Professorin an der Kölner Hochschule für Musik, Edda Moser, auf einen nachgerade zukunftsweisenden Einfall: Sie erfand und veranstaltet fortan nun alljährlich im Oktober auf dem malerischen thüringischen Schloss Heidecksburg ein famoses „Festspiel für die deutsche Sprache"[1].

Was für ein ermutigendes Zeichen und welch ein Gegenentwurf in unseren Zeiten gestanzter, ausdrucksarmer und oftmals schlicht gedankenloser Flachphrasendrescherei im öffentlichen Verlautbarungs(un)wesen! Mehr und mehr beschleunigt doch die „Ich-sach-mal"-Generation die allgemeine Sprachschluderei.

Besonders bunt treiben es die Größen des Sports und anderer Unterhaltungsglitterwelten. Aber andere Verballhornungs-„Künstler" stehen ihnen darin kaum nach. Schleichend verarmt der Wortschatz quer durch alle Bevölkerungsschichten.

Pausenlos wird vollmundig irgendwo auf irgendwen „Druck gemacht". Allen Ernstes erklären Polit-Kauderwelschler papierene Reformpakete für „zustimmungsfähig" (!), obwohl nach herkömmlichem Verständnis nur Menschen Ja oder Nein zu diesem oder jenem Vorschlag, Entwurf oder Plan sagen können. Und das wird dann auch noch inflationär garniert mit nichtssagenden Plattfloskeln wie „umfragebasiert", „grenzwertig" oder einem unverbindlichen „nicht wirklich" oder „eher nicht".

Niemand erwartet oder verlangt gar, dass Politiker, Verbandsvertreter, Gewerkschaftsfunktionäre und andere wichtige öffentliche Menschen sich fortwährend auf den Sprachgipfelhöhen eines Goethe, Schiller, Eichendorff, Heine, Uhland oder Fontane bewegen. Dennoch aber ist es gerade auch für die Persönlichkeitsbildung der nachwachsenden Jüngeren von enormem, ja, zukunftsentscheidendem Nutzen, den Reichtum der deutschen Muttersprache zu erfahren und zu verinnerlichen. Denn das Sprachvermögen ist der alles überragende Schlüssel überhaupt.

Kinder wie Jugendliche und Erwachsene haben immer größere Schwierigkeiten mit ihrer Muttersprache. Und sage und schreibe 80 Prozent aller heute neu eingeschulten Sechsjährigen können bestürzenderweise nicht einen einzigen vollständigen Satz bilden. Aber nur wer die eigene Sprache beherrscht, vermag unsere Welt wirklich wahrzunehmen und die Eindrücke sinnreich zu ordnen.

Doch was der Mensch über die fünf Sinne nicht auch in Worte fassen kann, hat er letztlich nicht gesehen, gehört oder gespürt, kurzum, er nimmt es im Grunde gar nicht richtig auf, verarbeitet und „speichert" es allenfalls bruchstückhaft, ausschnittartig.

Anders gesagt: Wer noch nicht einmal seiner Muttersprache mächtig ist, tut sich auch mit dem Denken ziemlich schwer.

(Westfalen-Blatt, 12./13.5.2007)

[1] Bei dem „Festspiel für die deutsche Sprache" versammeln sich alljährlich Schauspieler und Schriftsteller, um literarische und philosophische Texte vorzutragen und die Ausdruckskraft und Schönheit der deutschen Sprache zu würdigen und zu feiern. Vom *Verein für Sprachpflege e. V.* in Erlangen wurde die Initiatorin Edda Moser aufgrund einer Leserbefragung zur Gewinnerin des Ehrentitels „Sprachwahrer des Jahres 2006" gekürt.

Methode

Schrittfolge bei der textgebundenen Erörterung

Das Schreiben einer textgebundenen Erörterung ist in engem Zusammenhang zu sehen mit der schriftlichen Analyse von Sachtexten und mit der bereits in der Sekundarstufe I erlernten Fähigkeit, ein Sachproblem zu erörtern.
Folgende **Arbeitsschritte** werden empfohlen:

1. Schritt: **Was sagt mir der Text?**
Aufgabenstellung klären; ersten Überblick über den Text durch orientierendes und selektives Lesen verschaffen

2. Schritt: **Was steht im Text?**
Argumentationsansatz und -aufbau der Vorlage analysieren; Text sorgfältig durcharbeiten und durch markierendes Lesen erschließen; Notizen machen

3. Schritt: **Welche Einstellung habe ich zur Textvorlage?**
eigene Einstellung zu Thesen/Argumenten des Verfassers (begründete Zustimmung? begründeter Widerspruch? teilweise Übereinstimmung?) verdeutlichen; kritische Auseinandersetzung mit den Positionen des Verfassers; eigene Auffassung zur Problematik verdeutlichen

4. Schritt: **Wie gliedere ich meine Darstellung?**

5. Schritt: **Wie formuliere ich? Wie überarbeite ich meinen Entwurf?**

Arbeitsschritt 1: Ersten Überblick über den Text durch orientierendes und selektives Lesen verschaffen

(1) Lesen Sie den Text; kreuzen Sie an, welchen ersten Eindruck Sie gewonnen haben.

Art des Sachtextes

☐ informierend ☐ enthält persönliche Überzeugungen ☐ argumentierend

☐ appellativ: fordert zu einer bestimmten Einstellung, zu einem bestimmten Verhalten auf ☐ normierend: will zum Einhalten von Regeln auffordern

Zentrale Thematik

☐ Sprachpflege ☐ Sprachkritik ☐ Sprachtheorie ☐ Spracherziehung

☐ Sprachvarianten ☐ Sprachentwicklung ☐ Sprache und Denken

Art der inhaltlichen Auseinandersetzung mit der Thematik

☐ gründlich ☐ einzelne Argumente auslotend ☐ polemisch

☐ einfach ☐ kompliziert ☐ allgemein ☐ ins Detail gehend

Arbeitsschritt 2: Was steht im Text? Wie erschließe ich mir den Text?

Lesen Sie den Text noch einmal sehr genau, möglicherweise wiederholt, um die folgenden Fragen beantworten zu können. Nutzen Sie zur Erschließung die Möglichkeiten von Markierungen/Kennzeichnungen im Text und von Randnotizen.

(1) Wann/wo wurde der Text veröffentlicht? Was sagt dies über die angesprochenen Leser und die beabsichtigte Wirkung aus?

(2) Welcher Inhalt/welches Thema/welches Problem wird vor allem angesprochen? Fassen Sie die Kernaussage in knapper Form zusammen.

(3) Nennen Sie zu den drei folgenden im Text genannten Thesen jeweils stichwortartig die im Text aufgeführten Argumente und Beispiele/Belege.

a) Deutsch ist eine wundervolle Sprache. (Vgl. Z. 1 f.)

b) Mehr und mehr beschleunigt doch die „Ich-sach-mal-Generation“ die Sprachschluderei. (Vgl. Z. 22 ff.)

c) Es ist für die Persönlichkeitsbildung der Jüngeren von enormem Nutzen, den Reichtum der deutschen Muttersprache zu erfahren. (Vgl. Z. 53 ff.)

(4) Notieren Sie zu den folgenden rhetorischen Mitteln weitere Beispiele aus dem Text.

a) positiv wertende Adjektive:

wundervolle Sprache (Z. 1 f.),

b) negativ wertende Adjektive:

gedankenlose Flachphrasendrescherei (Z. 20),

c) Komposita (Negativkennzeichnungen):

Flachphrasendrescherei (Z. 20 f.),

d) Zweierformeln und bildhafte Wendungen:

mehr und mehr (Z. 22), ______

______

______

e) Hyperbel/Übertreibung:

von <u>großartiger</u> Vielfalt (Z. 2 f.), ______

______

______

(5) Schreiben Sie stichwortartig auf, welche Ansichten/Absichten des Autors in Bezug auf das zentrale Thema *Sprache* deutlich werden.

Deutsch ist eine sehr schöne Sprache, die deshalb der Pflege bedarf. (Z. 1 ff.), ______

______

______

______

______

______

(6) Markieren Sie den Text im Sinne der Aufgaben 1–5. Nutzen Sie auch die Möglichkeit von Randnotizen. Arbeiten Sie dabei übersichtlich; berücksichtigen Sie die drei Grundregeln für das Markieren: nicht zu viel, nicht zu dick, nicht zu bunt!

Arbeitsschritt 3: Wie beurteilen Sie selbst den Text? Welche Einstellung haben Sie zur Textvorlage?

(1) Formulieren Sie in thesenartiger, knapper Form eine Beurteilung/Wertung des Textes und eine Kritik an den Auffassungen/Absichten. Nutzen Sie dazu ein gesondertes Blatt oder formulieren Sie am PC.

(2) Kreuzen Sie an, wie Sie im Einzelnen zu den Thesen und Argumenten des Verfassers stehen und welche grundsätzliche Einstellung zum Text Sie bei Ihrer eigenen Argumentation einnehmen wollen.

- ☐ Ich stimme dem Verfasser grundsätzlich zu.
- ☐ Ich lehne die Meinung des Verfassers ab.
- ☐ Ich stimme manchen seiner Ansichten und Absichten zu, andere aber sehe ich sehr kritisch oder lehne sie ab.

(3) Führen Sie entsprechend auf einem gesonderten Blatt aus:

- ☐ Ihre zusätzlichen Argumente zur Verstärkung der Verfasserthesen,
- ☐ Ihre Gegenthesen und Gegenargumente,
- ☐ in welcher Weise und in welchem Ausmaß Sie zustimmen bzw. Ihre Kritik einbringen wollen.

Methode

**Arbeitsschritt 4:
Wie gliedere ich meine Darstellung?**

Für die schriftliche Darstellung kann ein **Schreibplan** nach folgendem Muster angelegt werden:

Einleitung

knappe Zusammenfassung: Name des Verfassers, Titel und Art des Textes, Erscheinungstermin und -ort, Inhalt/Thematik

Hauptteil

a) knappe Inhaltsangabe; Analyse des Argumentationsansatzes und -aufbaus der Vorlage: Thesen, Argumente, Belege; Absicht und rhetorische Wirkungsmittel; Fazit

b) eigene Erörterung der Vorlage (siehe Schritt 3); kritische Auseinandersetzung mit dem Text. Es gibt drei Möglichkeiten unterschiedlicher Argumentationsstandpunkte:

1. begründete Zustimmung: Die Schlüssigkeit der vorliegenden Argumentation bestätigen und belegen; Verstärkung der Thesen des Verfassers durch weitere Argumente; mögliche im Text nicht genannte Gegenpositionen nennen und entkräften

oder

2. begründete Ablehnung: Thesen des Verfassers und seine Prämissen (wie persönliche Interessen und weltanschauliche Grundlagen) infrage stellen; Argumente des Verfassers entkräften; Gegenthesen, Gegenargumente und neue Beispiele formulieren

oder

3. teilweise Übereinstimmung: Mischung aus den oben genannten Positionen (1. und 2.): jeweils weitere zustimmende und ablehnende Argumente formulieren

Schlussteil

nicht immer notwendig; möglich sind:
zusammenfassende Darstellung der eigenen Position

oder

Ausblick in Form weiterführender Lösungsmöglichkeiten und Problematisierung

Methode

**Arbeitsschritt 5:
Wie formuliere ich?
Wie überarbeite ich meine Darstellung?**

Achten Sie bei der Überarbeitung vor allem auf

- eine sinnvolle Strukturierung Ihres Textes,
- eine textnahe Darstellung, d. h. auf einen sinnvollen Einbau von Textzitaten mit Zeilenangaben (s. S. 41),
- sprachliche Konnektoren (Strukturwörter, d. h. Konjunktionen und Adverbien) zur Verknüpfung des Textes (s. Infokasten unten sowie S. 19),
- korrekte Fachsprache,
- Grammatik, Rechtschreibung und Zeichensetzung.

Information

Die wichtigsten **Elemente der Erörterung** sind:
These, Argumente zur Begründung der These und Beispiele/Belege zur Veranschaulichung/Verstärkung der Argumente.

Zum Aufbau einer eigenen Argumentation gibt es mehrere Möglichkeiten:

a) lineare oder reihende Erörterung: eine bestimmte Position wird bekräftigt; die einzelnen Argumente aneinandergereiht; das stärkste Argument wird am Schluss aufgeführt,

b) dialektische Erörterung: Argumente für und gegen eine Position werden gegeneinander angeführt; am Ende steht ein Kompromiss oder die Entscheidung für eine der beiden Positionen.

Formulierungshilfen

- Ein zusätzliches Argument für/gegen die These ist, dass ...
- Zwar lassen sich auch Gegenargumente anführen, aber ...
- Als letztes und wichtigstes Argument ist zu nennen, dass ...

- Als Beispiel für dieses Argument lässt sich anführen, dass ...
- Die Schlüssigkeit dieses Arguments ist jedoch infrage zu stellen, weil ...
- Dieses Argument stützt sich zu sehr auf persönliche Gefühle und bleibt zu subjektiv ...
- Die Überzeugungskraft dieses Arguments ist zu bejahen ...

Verbindungs- und Signalwörter, z. B. Adverbien und Konjunktionen

- Angabe von Bedingungen, Folgen, Einschränkungen und Gründen: wenn, vorausgesetzt, dass ..., sodass, also, jedoch, allerdings, obwohl, obgleich, deshalb, daher, ...

Ein **mögliches Klausurthema** zu dem von Ihnen bearbeiteten Text könnte folgendermaßen lauten:
Analysieren Sie den Argumentationsansatz und- aufbau des Leitartikels von Rolf Dressler „Unsere Sprache hat's verdient". Nehmen Sie in kritisch-erörternder Weise Stellung. Gehen Sie dabei auch auf Ihnen bekannte Theoriezusammenhänge von Sprache und Denken ein.

(1) Überprüfen Sie die Klausur eines Schülers anhand der folgenden Checkliste. Nutzen Sie auch hier die Möglichkeit von Markierungen und Randnotizen.

Checkliste

1. Wurde auf die Aufgabenstellung eingegangen?
2. Textnahe Auseinandersetzung mit Zitaten und Zeilenangaben vorhanden?
3. Klare Gliederung? Sind die Teile der Aufgabenstellung berücksichtigt: a) Analyse des Textes; b) eigene kritische Erörterung; c) besonderes Eingehen auf die Theoriezusammenhänge?
4. Wurde deutlich ein bestimmter Argumentationsstandpunkt vertreten (begründete Zustimmung, begründete Ablehnung, teilweise Übereinstimmung)?
5. Wurden Fachbegriffe verwendet?
6. Wurden die Abschnitte sinnvoll verknüpft durch Leserführung und sprachliche Konnektoren?
7. Wurden formale Kriterien beachtet (sprachlicher Ausdruck, Satzbau, Darstellung im Präsens, Rechtschreibung und Zeichensetzung)?
8. Berücksichtigung des wichtigen Anforderungsbereichs III (beurteilen, bewerten, überprüfen, erörtern, Stellung nehmen, sich auseinandersetzen)?

Schülerklausur

Der Leitartikel von Rolf Dressler mit dem Titel „Unsere Sprache hat's verdient" erschien in der Wochenendausgabe (12./13.5.07) der in Ostwestfalen weit verbreiteten Tageszeitung *Westfalen-Blatt* und ist vor allem gekennzeichnet durch seine Intention: Der Text ist in seiner Grundstruktur argumentierend angelegt, er zeigt aber auch appellative und normierende Intentionen, da es dem Verfasser um die Vermittlung sprachpflegerischer Ansichten geht. Inhaltlich und thematisch geht es vor allem um die Pflege (Z. 5) der deutschen Muttersprache, entsprechend auch um Kritik an Sprachschluderei (Z. 24), am öffentlichen Sprachgebrauch (Z. 25 ff.) und – im Zusammenhang mit dem Sprachvermögen (Z. 59 f.) – um die Verbindung von Sprache und Denken (Z. 68 ff.).

Nach dieser allgemeinen Einleitung komme ich zur Detailuntersuchung des Artikels. Auffallend wirkt bereits beim ersten überfliegenden Lesen, dass der Leitartikel, der in einer Tageszeitung eine exponierte Stellung einnimmt, recht einfach und weithin allgemein gehalten ist, möglicherweise eine Rücksichtnahme auf die Leser der Tageszeitung. Ich nehme auch an, dass der Leser kaum an einer differenzierten Auslotung der Problematik (z. B. Zusammenhang von Sprache und Denken, Zusammenhang von mündlichem und schriftlichem Sprachgebrauch u. a.) interessiert ist.

Ich komme zur argumentativen Struktur des Textes. Der Verfasser nennt im Wesentlichen drei Thesen, die er mit entsprechenden Beispielen/Argumenten versieht. Die Hauptthese steht bereits in den ersten Zeilen: Deutsch ist eine wundervolle Sprache ... Hierzu wird ein Autoritätsargument angeführt: Edda Moser und ihr „Festspiel für die deutsche Sprache“ (Z. 10 ff.). Die folgende These „Mehr und mehr beschleunigt doch die ‚Ich-sach-mal‘-Generation die allgemeine Sprachschluderei“ steht im Gegensatz zur oben genannten Hauptthese, bestätigt diese jedoch, weil die Sprachpflege damit als notwendig herausgesellt wird. Diese zweite These wird abgestützt durch eher allgemeine Erfahrungsargumente und Beispiele: Die Bereiche *Sport, Unterhaltung* und *Politik* werden vor allem für die Sprachschluderei verantwortlich gemacht. Die dritte These des Verfassers heißt sinngemäß: Für die junge Generation ist es entscheidend wichtig, den Reichtum der deutschen Muttersprache zu erfahren (Z. 53 ff.). Belegt wird diese These mit einem Argument der allgemeinen Erfahrung (Sprachvermögen als überragende Schlüsselkompetenz, Z. 59 ff.) und einem Autoritätsargument in Form einer statistischen Prozentangabe (Z. 65). Der Artikel schließt mit dem Fazit, dass derjenige, der seine Muttersprache nicht beherrscht, sich auch mit dem Denken schwertut.

Auffallend an der Form der Argumentation ist vor allem, dass diese sehr einfach und holzschnittartig wirkt, sicher aber in Bezug auf die angesprochenen Leser ihre Wirkung nicht verfehlen dürfte: Sprachpflegerische Intention und das Gegenteil – Sprachschluderei – werden überdeutlich voneinander abgesetzt und entsprechend bewertet (s. oben). Ein differenziertes Ausloten der einzelnen Standpunkte erfolgt nicht. Beispiele für Allgemeinplätze:

- Deutsch ist eine wundervolle Sprache und bedarf der Pflege.
- Öffentliche Verlautbarungen (Sport, Unterhaltung, Politik) offenbaren Sprachschluderei.
- Der Wortschatz verarmt quer durch alle Bevölkerungsschichten.
- Jugendliche müssen den Reichtum der Muttersprache erfahren.
- Sprache ist der Schlüssel für alles andere.
- Wer seine Muttersprache nicht beherrscht, hat auch Schwierigkeiten mit dem Denken.

Ich untersuche im Folgenden die Form des Textes, soweit diese Argumentationsaufbau und Wirkungsabsicht des Textes betrifft. Rhetorische Wirkungsmittel unterstützen die Intention des Verfassers, seine Leser anzusprechen und zu erreichen:

- Aufwertende Adjektive für die sprachpflegerischen Absichten: großartige Vielfalt (Z. 2 f.), tieferes Empfinden (Z. 6), zukunftsweisender Einfall (Z. 11 f.), ermutigendes Zeichen (Z. 17)
- Abwertende Adjektive und Kompositabildungen für die gegenteiligen Entwicklungen: Sprachschluderei (Z. 24), gestanzte, ausdrucksarme und oftmals schlicht gedankenlose Flachphrasendrescherei (Z. 19 ff.), Polit-Kauderwelschler (Z. 34), nichtssagende Plattfloskeln (Z. 41), bestürzenderweise (Z. 66 f.)
- Zweier- oder Dreierformeln: mehr und mehr (Z. 22), sage und schreibe (Z. 64 f.), gesehen, gehört oder gespürt (Z. 74 f.)
- Bildhafte Wendungen: besonders bunt treiben es ... (Z. 25), schleichend verarmt der Wortschatz (Z. 29 f.), vollmundig (Z. 32)

Ich komme nun zu einer Beurteilung des Textes. Meine Kritik lautet – unabhängig von der oben beschriebenen Kommunikationssituation: Die Thesen sind sehr allgemein, dadurch auch zu undifferenziert. Nicht differenziert wird zum Beispiel zwischen dem Reichtum der deutschen Sprache auf der einen Seite und der Notwendigkeit alltäglicher Verständigung in einer komplexer werdenden globalen Welt auf der anderen Seite; dies betrifft auch die Unterscheidung der Sprache nach mündlichem Sprachgebrauch/mündlicher Sprachkompetenz und schriftlichem Sprachgebrauch. An einer Stelle hat die Darstellung auch polemische Züge. Der Ausdruck „‚Ich-sach-mal‘-Generation“ ist offenbar gemünzt auf den früheren Bundeskanzler Schröder, der manche Diskussion mit dem umgangssprachlichen, vielleicht auch regionalsprachlichen Ausdruck „Ich sach mal ...“ einleitete. Das ist mündlicher Sprachgebrauch! Gerade der „Medienkanzler“ Schröder war wegen seiner souveränen sprachlichen Wendigkeit in Interviews bekannt. Ich nenne ein zweites Beispiel für eine zu stark vereinfachende Argumentation: Der Verfasser bemerkt, man erwarte vom Politiker nicht, dass er sich *fortwährend* [!] auf den Sprachgipfelhöhen (Z. 51) von literarischen Größen wie Goethe u. a. bewege. Man fragt sich: Soll er dies denn *überhaupt* oder *zeitweilig* tun? Und wäre ein solches sprachliches Verhalten tatsächlich ein Beispiel für den Sprachgebrauch Jugendlicher in der heutigen Zeit?

Auch Folgendes ist mit einem kritischen Fragezeichen zu versehen:
- Ist das „Festspiel für die deutsche Sprache" geeignet als Gegenentwurf für den politischen Sprachgebrauch und den Sprachgebrauch von Sport und Unterhaltung?
- Lässt sich tatsächlich deutlich feststellen, dass der Wortschatz quer durch alle Bevölkerungsschichten schleichend verarmt (Z. 29 ff.)?
- Wird das Sprachvermögen der Kinder und Jugendlichen schon dadurch gestärkt, dass sie den Reichtum der deutschen Muttersprache in Form der Literatur der Klassiker erfahren? Ginge es nicht vielmehr (vor allem) um frühe Sprachförderung (vor allem von Kindern aus bildungsfernen sozialen Schichten oder von Kindern aus Familien mit Migrantenhintergrund)?
- Woher stammt die Prozentangabe? Was ist mit einem *vollständigen Satz* gemeint? (Grammatisch vollständiger Satz im Sinne der Schriftsprache oder mündliche Formulierung, z. B. Einwortsatz, Aussparungen im Sinne von Satzellipsen?)
- Ist der Zusammenhang von Sprache und Denken nicht entschieden komplizierter als hier dargestellt?
- Insbesondere ist darauf hinzuweisen, dass der Verfasser selbst als *Verballhornungs-„Künstler"* (Z. 27 f.) *die* Formen der Sprache benutzt, die er kritisiert (siehe die rhetorischen Wirkungsmittel oben), in diesem Falle allerdings zu dem kommunikativen Zweck, seine Leser zu erreichen und anzusprechen. Dennoch hat der Verfasser sicher vergessen zu erwähnen, dass auch die Medien an der „Sprachschluderei" mitwirken.

Ich komme jetzt zum zweiten Teil meiner Darstellung (vgl. Aufgabe): der eigenen argumentativen Auseinandersetzung mit dem Text. Etlichen der im Texte genannten Thesen und Argumente kann man sicher spontan zustimmen. So wird man z. B. der Behauptung, dass Deutsch eine wunderbare Sprache sei, leicht zustimmen können. Ebenso wird ein „Festspiel für die deutsche Sprache" zu veranstalten, auf dem Texte vorgetragen werden, Anerkennung finden. Schließlich aber werden in Theaterhäusern oder auf Freilichtbühnen Tag für Tag Stücke aufgeführt, sodass vom Zuschauer Sprache erfahren werden kann. Sicher gibt es in der Gegenwart „Sprachschludereien"; so hat z. B. in der Gegenwart die Übermacht der englischen Sprache zu einem Übermaß an Entlehnungen aus der englischen Sprache geführt, etwa im Bereich der Computersprache. Nun sind Internationalismen (Manager, Software, Pipeline) aus der deutschen Sprache nicht mehr wegzudenken, Kritik ist dagegen an Übernahmen zu üben, die ein Sprachmischmasch von Deutsch und Englisch („Denglisch" oder „Engleutsch") wie *downloaden, abhotten, antörnen* darstellen. Zu den Transporteuren dieser Entwicklung gehören sicherlich die modernen Medien, die Werbung, der Sport. Zu bemerken ist auch, dass es Entlehnungen aus anderen Sprachen schon immer gegeben hat, eben weil Sprache ein lebendiger Mechanismus ist: Sie gibt ab und sie nimmt auf. Sie verändert sich mit den Menschen und mit den kulturellen, sozialen und politischen Wandlungsprozessen.

Die Fähigkeit, sich sprachlich orientieren zu können und sprachlich kommunizieren (d. h. lesen, sprechen, schreiben) zu können, ist heute in der Tat eine Schlüsselkompetenz. Wie diese Kompetenz gefördert werden kann, ist allerdings die große Frage. Viele Veränderungen in der Sprache, die heute von Älteren (?) oder aus traditioneller Sicht (?) vielleicht als Sprachschluderei erfahren werden, sind in Wirklichkeit Ausdruck gesellschaftlicher und kultureller Wandlungsprozesse. Sprache ist ein lebendiger, natürlicher Organismus; sie hat sich in der Vergangenheit immer verändert und wird sich auch in der Zukunft verändern. Ein allgemeines Klagen über Sprachschludereien und ein Aufzeigen von (angeblich) Schuldigen an dieser Entwicklung hilft da wenig. Keine Enkelgeneration verwendet die Sprache so wie ihre Großeltern. Neue Mitteilungsformen, bei denen schriftliche Formulierungen sich der mündlichen Sprache nähern, haben sich durchgesetzt:

E-Mail, Chat, SMS. Der Typus des heutigen Internetlesers ist geradezu das Gegenbeispiel zum klassischen Bücherwurm. Lassen sich an den heutigen Sprachgebrauch tatsächlich Maßstäbe einer literarischen Hochphase mit ihrer literarischen *Schrift*-Sprache anlegen (s. oben)?

Dass Sprache vor allem eine kommunikative Funktion hat, wird von dem Verfasser nicht angesprochen. Das gilt für die Sprache der Politik, auch für die Sprache der Werbung, der Medien, der Jugendlichen. Das gilt natürlich auch für die Sprache von Leitartikeln (s. oben). Gewiss gibt es z. B. im politischen Alltag sprachliche Auswüchse: politische Schlagwörter, Worthülsen, Euphemismen sind immer auch Ausdruck einer politischen Einstellung; sie sind auch ein Mittel der Beeinflussung und dienen vor allem der Verschleierung von tatsächlichen Gegebenheiten.

Sprache ist ein wichtiges Element der Demokratie. Dazu gehört es auch, dass Sprache sich entwickeln kann. Es gibt Auswüchse und es gibt Gipfelpunkte (siehe Festspiel und siehe Literatursprache der Klassiker). Dies macht die Vielgestaltigkeit der Entwicklung deutlich. Einem mündigen Bürger sollte selbst überlassen bleiben, die Sprache und Sprachvarianten in seinem Sinne einzusetzen; eine Lenkung in irgendeinem Sinne – auch im sprachpflegerischen Sinne – ist abzulehnen.

Klagen über den Verfall der deutschen Sprache sind durchaus nicht neu; es gibt sie schon so lange, wie es ein auf das Nationalgefühl bezogenes Bewusstsein hinsichtlich der deutschen Sprache gibt. In diesem Sinne wird dann Sprachverfall als Kulturverfall dargestellt; auch der Verfasser dieses Artikels argumentiert ähnlich. Er deutet z. B. Sprachverfall als Verfall des Denkens. Diese Wirkungserklärung erscheint mir zu kurzschlüssig. Stimmt es tatsächlich, dass der, der schlecht spricht, auch schlecht denkt? Sprache als Medium der Kommunikation ist in erster Linie auf ihre Sprecher bezogen, auf die Menschen, die sie benutzen. Die Sprache selbst ist für sich betrachtet weder gut noch schlecht. Sie hat keine Verdienste, sie hat keine Schuld. Sie ist da, von Menschen ins Leben gerufen, und verändert sich mit den Menschen, die sie benutzen. Insofern ist bereits der Titel des Artikels m. E. nicht ganz richtig gewählt. Man könnte meinen, hier wird Sprache als etwas verstanden, das unabhängig vom Menschen existiert. Sprache hält aber ihre Sprecher nicht gefangen. Denken lässt sich auch, wofür die Sprache keine Mittel zur Verfügung hat; von vielen unserer Bewusstseinsinhalte lässt sich nur schwer oder gar nicht sprechen. Wie oft passiert es, dass wir sprachlos sind, weil wir das Denken nicht in Worte fassen können. Die Sprachwissenschaftler Whorf und Sapir sind der Meinung, die Formulierung von Gedanken sei kein unabhängiger, vom Subjekt souverän zu steuernder Vorgang, sondern das linguistische System forme selbst den Gedanken. Kein Individuum habe die Freiheit, die Natur unparteilich zu beschreiben, weil seine Sicht durch die Interpretationsweisen seiner Sprache beschränkt sei. Auch der Schriftsteller G. Orwell vertritt in seinem berühmten Roman „1984" die Hypothese von Whorf. Mithilfe einer neuen Sprache sei es im totalitären System möglich, das Denken der Untertanen zu formen bzw. umzupolen und zu manipulieren.

Die Auffassung einer völligen Identität von Sprache und Denken wird heute kaum noch vertreten. Mir scheint auch die im Text enthaltene Lebensweisheit nicht ganz haltbar: Zumindest sind die beiden Seiten des Blattes Papier nicht (zwingend) gleich groß. Es gibt durchaus gedankenlose Formen des Sprechens; auch der Sprachgewandteste wird Gedanken haben, die er nicht auszudrücken vermag. Debile Menschen sind manchmal sehr redegewandt; andererseits verlieren Sprachgestörte nicht automatisch ihre Denkfähigkeit. Heutige Sprachwissenschaftler sprechen von einer Funktionssymbiose zwischen Denken und Sprechen; d. h. Sprechen und Denken sind aufeinander bezogen und angewiesen; eine Identität ist jedoch auszuschließen.

Weitere Trainingsmöglichkeit

Aufgabentyp: Erörterung im Anschluss an eine Textvorlage

Aufgabenstellung: Analysieren Sie Thematik und Argumentationsaufbau des Textes „Sprachentwicklung in der modernen Mediengesellschaft" von Helmut Glück. Nehmen Sie zu den Einschätzungen des Autors kritisch Stellung und formulieren Sie eine begründete eigene Position.

Helmut Glück

Sprachentwicklung in der modernen Mediengesellschaft

Das Englische ist heute – nicht nur in Deutschland – die Sprache mit dem größten Prestige und die mit Abstand gefragteste Fremdsprache, und es hat heute viel mehr non-native speakers als native speakers. Diese überragende Stellung hat zu umfangreichen, kaum noch überschaubaren Entlehnungen aus dem Englischen ins Deutsche geführt. Auch das ist kein singulärer Vorgang, denn er ist auch in anderen Sprachen zu beobachten. Zu den Transporteuren der Anglizismen gehören die Neuen Medien. Viele Deutschsprachige verfügen über Grundkenntnisse der englischen Phonologie und Morphologie, und sie beherrschen elementare Wortschätze des Englischen. Wäre das nicht der Fall, könnten sich die Werbung und die Massenmedien gar nicht leisten, allzu viele Anglizismen zu verwenden: Sie sind darauf angewiesen, dass sie einigermaßen verstanden werden. Die Omnipräsenz der Massenmedien im Alltag hat andererseits dafür gesorgt, dass die von ihnen verbreiteten Sprachmuster alle Schichten und Altersgruppen erreichen. Man kann den Prospekt eines beliebigen Warenhauses, eine Fernseh-Programm-Zeitschrift oder das Kundenmagazin der Deutschen Bahn aufschlagen und man findet dort viele Beispiele für dieses Anglodeutsch, z. B. *Shopping Weekend, Fit Business, BahnCard Classic First, last-minute-Silvester, happy mit handy* ...

Die Neuen Medien, das ist gar keine Frage, spielen in diesem ziemlich einseitigen Entlehnungsprozess eine zentrale Rolle. Sie sind ein wichtiger, vielleicht der wichtigste Motor in den Wandelprozessen, die unsere Sprache an der zweiten Jahrtausendwende durchmacht. Vehikel dieses Wandels ist die praktische Verwendung neuer massenmedialer Techniken durch große Teile der Sprachgemeinschaft. [...]

Keine Enkelgeneration verwendet die Sprache so, wie es die Großeltern getan haben. Die Gründe dafür sind vielfältig; einige davon wurden bereits genannt. Heutige Enkel verwenden Verben wie *chatten, scratchen, chillen, faken, saven, mailen, raven,* was heutigen Großeltern unverständlich sein und missfallen mag. Noch unschöner und unverständlicher werden sie komplexe Verben wie *downloaden, einloggen, upgraden, outsourcen, smalltalken* finden. Verben wie *mailen, faxen* und *surfen* (im Internet) gehören inzwischen zum alltäglichen Wortschatz [...]

Sprachpflege gilt in Deutschland als antiquiert, als uncool. Es mangelt vielen Sprechern des Deutschen an Sprachloyalität. Dieser Mangel dürfte zusammenhängen mit dem Verlust an Prestige, den die Normen des Standards erlitten haben. Eine Sprache, die von großen Gruppen ihrer Sprecher nicht als bewahrenswertes Gut betrachtet wird, läuft Gefahr, als Mittel der gesellschaftlichen Kommunikation geschädigt zu werden. Der Vandalismus, der sich in der Zerstörung von Telefonzellen oder im Besprühen von Hauswänden und Eisenbahnwaggons äußert, hat ein Komplement in dem sprachlichen Rowdytum, das Medien und Werbung verbreiten. (2000)

Training:

Mündliche Abiturprüfung

Analyse eines Sachtextes mit Aufgabenschwerpunkt

Information

Bei der **mündlichen Abiturprüfung** erhalten Sie einen Text mit Arbeitsaufgaben (s. unten). Sie haben ca. 30 Minuten Zeit zur Bearbeitung. Es kommt also darauf an, zügig zu arbeiten und sich nicht an einer einzelnen Aufgabe „festzubeißen“. Wichtig sind vor allem

- die detaillierte Bearbeitung des Textes im Sinne der Arbeitsaufgaben mithilfe von Markierungen und Randnotizen,
- ein knapper Stichwortzettel für den anschließenden etwa zehnminütigen Vortrag, auf dem Sie die Ergebnisse Ihrer Vorbereitungsarbeit notieren.

Bei einer Aufgabenstellung im mündlichen Abitur wird immer davon ausgegangen, dass die Problematik des Textes bekannt ist und im Unterricht behandelt wurde (s. o.).
Grundsätzlich orientiert sich die mündliche Prüfung an den Vorgaben für die schriftliche Prüfung (Obligatorik, Anforderungsbereiche, Fachmethoden). Die Aufgabenarten und die Aufgabenstellungen sind allerdings – aufgrund der geringeren Vorbereitungszeit – vereinfacht.
Die Prüfung nimmt im Rahmen des Zentralabiturs insofern eine besondere Stellung ein, als Sie von Ihrem Fachlehrer betreut werden.

Voraussetzungen: Im Hinblick auf die Thematik des zur Bearbeitung anstehenden Sachtextes kann davon ausgegangen werden, dass im Unterricht u. a. folgende Themenbereiche bearbeitet worden sind:

- Sprache und Sprechen im politischen Alltag,
- Sprachwandel und Sprachverfall,
- Sprachvarianten: Fachspache, Jugendsprache, Sprache von Männern und Frauen, ...
- Sprache und Denken (Sapir-Whorf-Hypothese/Grammatik der Neusprache (aus dem Roman „1984“ von George Orwell)).

Alexander Remler

Ist Deutsch noch sexy?

Abschnitt I

Vor allem in der Werbung setzt sich „Denglisch“ immer mehr durch. No future für Deutsch in der Kommunikationsbranche? Rund ein Drittel der Deutschen beherrscht die englische Sprache zumindest so gut, dass sie sich im Urlaub verständigen können. Bleiben immer noch zwei Drittel, für die Werbesprüche à la Nokias „Connecting People“ (Menschen verbinden) oder Nestlés „Have a Break. I have a Kitkat“ (Mach eine Pause. Nimm ein Kitkat) ein Quell fortgesetzten Ärgers darstellen. „Es muss uns darum gehen, die deutsche Sprache wieder sexy zu machen“, glaubt René Heymann von der Agentur Heymann und Schnell. Er will nicht auf englische Wörter generell verzichten, sondern sie so einsetzen, dass sie fantasievoll und nicht anbiedernd wirken. Wie das praktisch geht, hat der Berliner Werber im vergangenen Winter mit der Kampagne für die Berliner Stadtreinigung bewiesen, mit Sprüchen wie „We kehr for you", „Dirty Harry" oder „Saturday Night Feger".

„We kehr for you"
↓
to take care

Abschnitt II

Gegen die „Selbstunterwerfung unter das Englische" kämpft dagegen seit zwei Jahren Walter Krämer, Vorsitzender des Vereins Deutsche Sprache (VDS). Rund 10 000 Unterstützer haben sich als Mitglieder gefunden. Weder die Aufnahme englischer Wörter ins Deutsche noch die Ablehnung ist etwas Neues. Schon Turnvater Jahn kämpfte gegen die „Welschsucht", der Psychologe Ludwig Klages gegen die „Schlammfluten der Fremdwörterei". Und 1899 erließ ein gewisser Hermann Dunger eine „Erklärung wider die Engländerei". 1885 zählte der Duden bereits 385 Anglizismen. Über die damals verwendeten Modewörter wie Keks, Rum oder Schal regt sich heute allerdings keiner mehr auf. Das wird mit Begriffen wie Handy, Cyberspace oder Stress, die in den deutschen Wortschatz übernommen worden sind, genauso sein. Wir surfen im Internet, öffnen Homepages und sind fast alle online. Sollen wir in Zukunft netzreiten und websegeln? Wohl kaum, auch wenn die Übersetzung „Winzigweich" für Microsoft noch einen gewissen Unterhaltungswert hat.

Abschnitt III

Viele Dinge werden mit englischen Begriffen benannt, für die es keine Eins-zu-eins-Übersetzung gibt. „Gerade in der IT-Branche sind englische Wörter einfach maßgeblich", meint ein Sprecher von DaimlerChrysler. Daimler Benz hat schon Anfang der Neunzigerjahre Englisch als zweite Konzernsprache eingeführt. Nach der Fusion mit Chrysler, die der Sprecher nur „Merger" nennt, kam der nächste Schritt: Im Management der einst schwäbischen Autoschmiede ist Englisch nun die Hauptsprache. Sprachschulen im Großraum Stuttgart sind seither regelmäßig ausgebucht. Doch der Konzernsprecher beruhigt: „Wenn die Deutschen unter sich sind, wird nicht Englisch, sondern immer noch Deutsch gesprochen."

Abschnitt IV

Mag bei der internen Sprachregelung von DaimlerChrysler noch die Internationalisierung als Grund herhalten, stellt sich aber die Frage, warum zum Beispiel eine deutsche Firma wie Lufthansa in Italien auf Italienisch wirbt, aber in Deutschland auf Englisch („There is no better way to fly"). Seit der Erfindung des Flugzeugs gibt es zudem einen Wartesaal – warum muss er nun Lounge heißen? Auch nach mehreren Nachfragen fühlt sich niemand bei Lufthansa für eine Antwort zuständig. Das Gleiche bei Siemens („Global Network of Innovation").

Abschnitt V

Dafür nimmt Werber René Heymann kein Blatt vor den Mund. „Oft fehlt einfach die Kreativität, eine Idee auf Deutsch auszudrücken", meint er. Das Ziel vieler Unternehmen ist klar: eine möglichst junge Zielgruppe anzusprechen. Dafür wird die Sprache der Popmusik oder des Musikfernsehens adaptiert. „Aber die meisten Kampagnen, die auf jung gemacht sind, sind eigentlich ziemlich alt." Sprachruinierung hat daher viel weniger mit Anglizismen zu tun als mit der Bequemlichkeit oder Dummheit derjenigen, die sie anwenden. Ob formale Sprachregeln daran etwas ändern, ist allerdings zweifelhaft.

Abschnitt VI

Andererseits: Hätten wir Sprachgesetze, die den Gebrauch von Anglizismen einschränken, würde es auch keine so lustigen Stilblüten mehr geben, wie sie etwa das Jugendamt der Diözese Speyer vollbracht hat. Für das „ökumenische Christfest 2000“ wollten sie mit dem flotten Titel „The Great Ding Dong“ werben und damit auf den Dom und seine Glocken anspielen. Vor allem Engländer klopften sich auf die Schenkel: „Ding Dong“ nämlich umschreibt ein spezifisch männliches Körperorgan.

(Berliner Morgenpost, 19.4.2001)

Aufgabentyp: Analyse eines Sachtextes (mit Aufgabenschwerpunkt)

Aufgabenstellung: Analysieren Sie den Text:

a) Nennen Sie die wesentlichen Gedanken des Textes.
b) Weisen Sie die argumentative Struktur des Textes nach.
c) Beurteilen Sie, inwieweit es sinnvoll ist, auf Anglizismen zu verzichten.

1 Machen Sie sich zunächst die Aufgabenstellung klar; lesen Sie danach den Text gezielt und genau und beantworten Sie die folgenden Fragen.

Thematik des Textes

- Worum geht es in dem Text? Fassen Sie Inhalt/Thematik in wenigen Worten zusammen.

Argumentationsaufbau

- Formulieren Sie für jeden Abschnitt eine knappe These (nach dem Muster von Abschnitt I, Z. 9 f.).

II. ______

III. ______

IV. ______

V. ______

VI. ______

- Kennzeichnen Sie durch Einkästeln das jeweilige Beispiel/den Namen/die als Beleg angeführte Autorität (nach dem Muster von Abschnitt I, Z. 11).

Beurteilung

- Inwieweit halten Sie die Übernahme englischer Ausdrücke in die deutsche Sprache für berechtigt? Notieren Sie in Stichworten.

______

______

______

- Inwieweit ist Ihrer Meinung nach eine Anglisierung der Muttersprache abzulehnen? Notieren Sie in Stichworten.

______

______

______

2 Ergänzen Sie den folgenden Stichwortzettel für den Vortrag.

Stichwortzettel

Meine Aufgabe ist es, ______

______

a) Hauptgedanken des Textes (2–3 Minuten)

______

______

______

b) Argumentationsstruktur (2–3 Minuten)

Wichtige These/Behauptung zu Beginn des T.:
– In der Werbung setzt sich „Denglisch" immer mehr durch.

Thesen der folgenden Abschnitte:

______

c) Beurteilungskriterien (ca. 4 Minuten, weil eigene Beurteilung besonders wichtig ist)

Argumente *für* eine Einbeziehung englischer Fremdwörter

Kritik

Information

Für die **Bearbeitung der Prüfungsaufgabe im mündlichen Abitur** wird eine Vorbereitungszeit von 30 Minuten gegeben. Diese Zeit muss sinnvoll genutzt werden

a) für die Bearbeitung des Textes,
b) für knappe Notizen, die für den nachfolgenden Vortrag (1. Prüfungsteil) verwendet werden.

Tipps für die Vorbereitungszeit

1. Aufgabenstellung klarmachen,
2. Text gezielt und genau im Hinblick auf die Aufgabenstellung lesen,
3. Markierungen und Randnotizen vornehmen, z. B.: Kernthese, Inhaltsabschnitte, Argumente (Grundsatz: nicht zu viel markieren, übersichtlich arbeiten),
4. nicht in ein Teilproblem „verbeißen“, sondern die Zeit auf die einzelnen Aufgaben verteilen,
5. Notizen für den mündlichen Vortrag übersichtlich gliedern.

Tipps für den 1. Prüfungsteil (Vortrag)

1. Zu Beginn Aufgabenstellung/Vorgehensweise nennen,
2. weitgehend frei sprechen; Notizzettel nutzen; ggf. aus dem Text zitieren,
3. entspannt sitzen; stimmlich variieren,
4. Blickkontakt zu den Mitgliedern der Prüfungskommission halten,
5. Zeit (10 Minuten) voll ausnutzen.

Tipps für den 2. Prüfungsteil (Gespräch: 10 – 20 Minuten)

1. Auf Fragen des Prüfers ausführlich und strukturiert eingehen,
2. auf offene Fragen mehrere Aspekte anbieten,
3. Blickkontakt zum einzelnen Prüfer halten,
4. Zeit zum Überlegen nehmen (aber nicht *zu* lange Pausen),
5. bei unverstandener Aufgabe zurückfragen (aber möglichst nur einmal),
6. Gesprächsangebote machen (aber keinen Autor oder Text anbieten, den Sie nicht oder nicht genau genug kennen; Prüfer könnte darauf eingehen, um Ihnen entgegenzukommen).

Analyse eines literarischen Textes mit Aufgabenschwerpunkt

Bertolt Brecht

Fragen eines lesenden Arbeiters

Warum gerade ein lesender Arbeiter?

Was will er wissen?

St. 1 – Bauwerke

Wer baute das siebentorige Theben?
In den Büchern stehen die Namen von Königen.
Haben die Könige die Felsbrocken herbeigeschleppt?
Und das mehrmals zerstörte Babylon –
Wer baute es so viele Male auf? In welchen Häusern
Des goldstrahlenden Lima wohnten die Bauleute?
Wohin gingen an dem Abend, wo die Chinesische Mauer
fertig war
Die Maurer? Das große Rom
Ist voll von Triumphbögen. Wer errichtete sie? Über wen
Triumphierten die Cäsaren? Hatte das vielbesungene
Byzanz
Nur Paläste für seine Bewohner? Selbst in dem sagen-
haften Atlantis
Brüllten in der Nacht, wo das Meer es verschlang
Die Ersaufenden nach ihren Sklaven.

St. 2 – Eroberungen

Der junge Alexander eroberte Indien.
Er allein?
Cäsar schlug die Gallier.
Hatte er nicht wenigstens einen Koch bei sich?
Philipp von Spanien weinte, als seine Flotte
Untergegangen war. Weinte sonst niemand?
Friedrich der Zweite siegte im Siebenjährigen Krieg.
Wer
Siegte außer ihm?

4 Strophen: Umfang immer geringer, Fragen immer knapper: Zuspitzung der Problematik

St. 3 – Zusammenfassung: Berichte – Fragen

Jede Seite ein Sieg.
Wer kochte den Siegesschmaus?
Alle zehn Jahre ein großer Mann.
Wer bezahlte die Spesen?

Spesen = Geschäftsunkosten

St. 4 – offene Schlussstrophe

So viele Berichte,
So viele Fragen.

Leser wird zur Stellungnahme aufgefordert.

(1938)

Information

Städtenamen und Namen von Eroberern im Text:

Theben: im 4. Jahrhundert mächtigste Stadt Griechenlands
Lima: heutige Hauptstadt Perus, ehemals Hauptstadt des Inkareiches, das von dem spanischen Eroberer Pizarro erobert wurde
Byzanz: Hauptstadt des oströmischen Reiches (später Konstantinopel, heute: Istanbul)
Atlantis: sagenhafte Stadt, die im Meer versunken sein soll
Alexander der Große: Feldzug in Indien (327 – 325 v. Chr.)
Cäsar: Eroberung Galliens (58 – 51 v. Chr.)
Philipp II: Seine große Flotte (Armada) erlitt eine vernichtende Niederlage gegen die Engländer (1588).
Friedrich II/Siebenjähriger Krieg: Dem Preußenkönig Friedrich dem Großen gelang es durch diesen Krieg (1756 – 1763), Preußens Macht zu steigern.

Aufgabentyp: Analyse eines literarischen Textes (mit Aufgabenschwerpunkten)

Aufgabenstellung: Analysieren Sie das Gedicht, indem Sie
a) Thema und Struktur des Textes sowie Brechts Intention nennen/nachweisen,
b) erläutern, welche Rolle dem Leser zugeschrieben wird,
c) Stellung zu den im Text dargestellten Auffassungen von Geschichte und geschichtlich Handelnden nehmen.

Information

Voraussetzungen im Unterricht

Es ist von Folgendem auszugehen:
- Im Unterricht sind auch andere Gedichte von Bertolt Brecht bearbeitet worden. Nach Brecht ist Lyrik „für den Gebrauch der Leser" bestimmt; sie soll nicht eine Welt reiner Schönheit widerspiegeln, die mit dem Alltag nichts zu tun hat. Deshalb ist Brechts Lyrik oft durch reimlose Verse und unregelmäßigen Rhythmus gekennzeichnet. Dadurch will er eine allzu problemlose Einfühlung des Lesers verhindern; vielmehr will er eine kritisch-distanzierte Lesehaltung auslösen.
- Den Schülern ist wenigstens ein Drama Brechts bekannt (z. B. „Der gute Mensch von Sezuan") sowie seine Theorie des *epischen Theaters*. Brecht gehört zu den einflussreichsten Dramatikern und Dramentheoretikern des 20. Jahrhunderts. Für ihn zielt Kunst auf Veränderung der bestehenden (ungerechten) gesellschaftlichen und wirtschaftlichen (kapitalistischen) Verhältnisse. Er kämpfte zeitlebens für eine (in seinem Sinne) bessere und gerechtere Welt. Seine Sympathie gehörte immer den „kleinen Leuten".

(1) Der Text ist bereits durch Markierungen und Randnotizen bearbeitet worden. Kreuzen Sie an, welche Gesichtspunkte des Textes damit bereits berücksichtigt werden:

☐ Struktur ☐ sprachliche Form ☐ Reimschema ☐ Rhythmus

☐ Leserbezug ☐ Überschrift ☐ Thematik

(2) Beantworten Sie die folgenden Arbeitsaufgaben zum Text mithilfe der bereits vorgenommenen Markierungen und Randnotizen.

a)

- Um welchen Inhalt/welche Thematik geht es in diesem Gedicht?

____

____

____

____

- Fassen Sie mithilfe der Randnotizen die Struktur des Textes zusammen.

____

____

____

____

____

- Erläutern Sie in knapper Weise Brechts Intention; lesen Sie auch im Info-Kasten zu den Voraussetzungen nach (S. 101).

b) Erläutern Sie knapp, welche Rolle dem Leser zugewiesen wird.

c) Nehmen Sie selbst beurteilend Stellung; notieren Sie stichwortartig.

(3) Ergänzen Sie – bezogen auf die Aufgabenstellungen – den knappen Notizzettel für einen mündlichen 10-Minuten-Vortrag (1. Teil der mündlichen Abiturprüfung). Berücksichtigen Sie ggf. wichtige Zitate.

Stichwortzettel

a) Thema, Struktur, Intention benennen und nachweisen Thema: Geschichte/geschichtlich Handelnde: große Männer und kleine Leute (Bauleute, Maurer, Sklaven, Köche) Struktur: ______ Intention: ______	Redezeit 3 Minuten zitieren: Z. ...
b) Rolle des Lesers erläutern ______	3 Minuten zitieren: Z. ...
c) Stellungnahme: Geschichtsauffassung Neue Perspektive der Geschichtsschreibung ______	4 Minuten wichtig: Argumentation

4. Proben Sie – nach Möglichkeit in Zusammenarbeit mit Mitschülern – den Vortrag. Nutzen Sie dabei die Stichwörter.

5. Spielen/simulieren Sie zur Übung (zusammen mit anderen Mitschülern oder in Gedanken) den zweiten Teil der Prüfung. Versetzen Sie sich dabei in die Rolle des Prüfers. Erproben Sie auch den „schlimmsten Fall“: eine Sprechblockade.
Überlegen Sie mögliche Fragestellungen (s. Voraussetzungen im Unterricht, S. 101), z. B.:

- Welches weitere Gedicht von Bertolt Brecht ist Ihnen bekannt? Inwieweit ist es typisch für Brecht und lässt sich mit dem Gedicht „Fragen eines lesenden Arbeiters“ vergleichen?
- Inwieweit ist Ihnen Brecht als Dramenautor und Dramentheoretiker bekannt?
- Wodurch unterscheidet sich das epische Theater vom aristotelischen Theater?
- ...

Anhang

Rhetorische Fachbegriffe und Figuren

Die rhetorischen Figuren haben in mündlichen und schriftlichen Texten unterschiedliche Funktionen und entfalten im Kontext unterschiedliche Wirkungen, z. B.: einprägen, vertiefen, Nachdruck ausüben, das eigene Prestige erhöhen, einen persönlichen Kontakt zum Hörer aufbauen, sich einschmeicheln, veranschaulichen, Aufmerksamkeit und Überraschung hervorrufen, abwerten, aufwerten, beschwichtigen. Rhetorische Figuren können sowohl in literarischen Texten (z. B. Gedicht) als auch in Sachtexten (z. B. Rede, Werbetext, Essay) eine Rolle spielen. Da zwischen sprachlichen Formen und ihren Funktionen grundsätzlich kein eindeutiger Zusammenhang besteht, muss die Funktion der Stilmittel für den jeweiligen Text immer wieder neu bestimmt werden.

Begriff	Erläuterung	Beispiel
Akkumulation	Reihung von Begriffen, Häufung	Herz, Liebe, Himmel, Paradies: das Glück
Allegorie	Sinnbild	Justitia: verbundene Augen, Waage, Schwert (Sinnbild für Gerechtigkeit)
Alliteration	Aufeinanderfolgende Wörter beginnen mit dem gleichen Buchstaben.	**M**ars **m**acht **m**obil ... (Werbung); **T**itel, **T**hesen, **T**emperamente
Anapher	gleiche Satzanfänge	Wer möchte das haben? Wer möchte das erleben?
Antithese	Gegenüberstellung von Gegensätzen	Sie geht, er kommt.
Apostrophe	betonte Form der Anrede	Ihr Götter, seid mir gnädig!
Chiasmus	Überkreuzstellung von Wörtern und Sätzen	Die Macht ist groß, doch klein ist der Verstand.
Correctio	Korrektur eines zu schwachen Ausdrucks	Es war ein schöner, nein, ein außergewöhnlicher Morgen!
Ellipse	Auslassung; unvollständiger Satz	Sie kommen heute. Alle.
Emphase	Hervorhebung eines Wortes	Ich betone ausdrücklich ...
Epipher	Sätze enden mit dem gleichen Wort.	Ende gut. Alles gut.
Euphemismus	Beschönigung, ~~Untertreibung~~	vollschlank statt dick, Entsorgungspark statt Müllkippe
Hyperbel	Übertreibung, Zuspitzung	Da war die Hölle los.
Inversion	Umstellung von geläufiger Wortstellung im Satz	Lyrische Texte mag ich sehr. (statt: Ich mag ...)
Ironie	Benannt wird das Gegenteil dessen, was gemeint ist.	Ein tolles Wetter (statt: Ein Sauwetter)
Klimax	dreigliedrige Steigerung	Sicher, vielseitig, super. (Werbung) Er kam, er sah, er siegte.
Litotes	Bejahung durch doppelte Verneinung	nicht übel (statt: gut)
Metapher	bildhafte Übertragung	Mauer des Schweigens / Die Wiese lacht.
Neologismus	Wortneuschöpfung	herzblind, scheinrot
Onomatopoesie	Lautmalerei	ein Zwitschern und Tirilieren
Oxymoron	Verbindung zweier Begriffe, die sich ausschließen	beredtes Schweigen
Paradoxon	Scheinwiderspruch	Sie weinte vor Glück.

Begriff	Erläuterung	Beispiel
Parallelismus	identischer Aufbau von mindestens zwei Satzeinheiten	Schön ist die Liebe. Schön ist das Leben.
Personifikation	Vermenschlichung von Gegenständen oder Tieren	Frau Sonne, Herr Hund
Pleonasmus	Doppelausdruck, überflüssige Wiederholung	weißer Schimmel, größte Fülle
Rhetorische Frage	Scheinfrage; Frage, auf die keine Antwort erwartet wird	Ist das nicht schon schlimm genug?
Symbol	Zeichen, das für ein bestimmtes Handeln steht	Taube als Friedenszeichen
Synästhesie	Vermischung verschiedener Sinneseindrücke	schreiendes Rot
Synekdoche	Ein Teil steht für das Ganze.	Er stellt seine Füße unter ihren Tisch. (Er lebt in ihrem Haus.)
Periphrase	Umschreibung eines Ausdrucks	die dritten Zähne (gemeint ist das Gebiss)
Vergleich	bildhafter Hinweis auf einen anderen Bereich	stark wie ein Löwe
Wiederholung	Verstärkung der Wirkung, Intensität	Er arbeitet, arbeitet und arbeitet.
Wortspiel	geistreiches Spiel mit Wörtern und Bedeutungen	Da werden Ihre Füße aber Augen machen! (Werbung)

Fachbegriffe zur Analyse/Interpretation literarischer Texte

Epische Texte

Die folgenden Besonderheiten epischer Gestaltung tauchen insbesondere in Romanen, Erzählungen und Kurzgeschichten auf. Einzelne dieser Elemente finden sich allerdings auch beim Drama und in der Lyrik wieder.

Figur (der Handlung)
Diese ist in Erzähltexten erdacht, es kann z. B. ein Mensch, ein Tier, ein Fabelwesen sein. Figuren können direkt (meistens durch den auktorialen Erzähler) oder indirekt charakterisiert werden.
Elemente indirekter Charakterisierung:

- äußere Erscheinung
- berufliche und soziale Stellung
- typische Eigenschaften, Redensarten, Verhaltensweisen
- Besonderheiten der Sprache
- Verhaltensmotive, Wertvorstellungen
- Beziehungen zu anderen, Einfluss auf andere Personen

Figurenkonstellation
Gemeint sind damit Zuordnungen von Figuren (z. B. zu Gruppen) bzw. die Beziehungen der einzelnen Figuren zueinander.

Erzählerische Mittel
Motiv/Leitmotiv (stofflich-thematisches Element)
Symbol (ein Zeichen, das auf anderes verweist)
Metapher und Vergleich

Erzähler
Im Gegensatz zum Autor ist der Erzähler in epischen Texten eine fiktive Erzählerfigur, eine Art Zwischeninstanz zwischen Autor und Stoff. Standpunkte, Optik und Wertebewusstsein
des Erzählers gehören zur fiktiven Welt und können nicht ohne Weiteres dem Autor zugeordnet werden. Allerdings gibt es Berührungspunkte, vor allem bei deutlich biografisch geprägten Zusammenhängen.

Standort des Erzählers
Wie bei der Kameraeinstellung im Film kann der Erzähler aus großer Ferne (Überblick), aus großer Nähe (Lupe) oder auch mit eingeschränktem Blickwinkel wahrnehmen.

Rolle des Erzählers

- **Ich-Erzähler**
  Der Ich-Erzähler ist eine Figur, die selbst ein Teil der Handlung ist; dargestellt wird, was das Erzähler-Ich erlebt (hat), was es denkt und fühlt. (Der Ich-Erzähler kann eine a) auktoriale oder b) personale Erzählhaltung einnehmen.)
- **Er-/Sie-Erzähler**
  Die handelnde und die erzählende Figur sind nicht identisch. Der Er-/Sie-Erzähler kann die folgenden Erzählhaltungen einnehmen:
  a) allwissende oder auktoriale Erzählhaltung (von lat. auctor: Urheber, Verfasser): Hier tritt ein Erzähler als eigenständige Figur auf; der Leser blickt mit dem Erzähler von außen auf die Figuren (Erzählereinmischungen, Kommentare, Einblick in das Innere einer Figur, Kenntnis der Vor- und Nachgeschichte; typische Erzählweisen: Erzählerbericht und Erzählerkommentare, indirekte Rede).
  b) personale Erzählhaltung: Hier fehlt ein Erzähler mit eigenen Zügen; das Geschehen wird aus der Sicht einer oder mehrerer Figuren der Handlung dargestellt. Die äußere Wahrnehmung wird dadurch begrenzt, die innere allerdings erweitert. Es können Bewusstseinszustände und -prozesse, Gefühle der Perspektivfigur dargestellt werden. Typische Erzählweisen sind: innerer Monolog, Personenrede (direkte Rede).
  c) neutrale Erzählhaltung: unmittelbare Wiedergabe des Geschehens ohne Bindung an eine Person
- **Erzählerstandpunkt**
  Hiermit wird die wertende Einstellung des Erzählers zu seinen Figuren bezeichnet (vgl. die Standpunktlosigkeit beim neutralen Erzähler; die Kommentierung beim auktorialen Erzähler). Der Erzählerstandpunkt kann zustimmender oder ablehnender Art sein; er kann Mitgefühl oder Kritik zum Ausdruck bringen, er kann eindeutig oder schwankend sein, ironisch, humorvoll, sachlich oder engagiert. Inwieweit hinter dieser Haltung die Einstellung des Autors steht, muss bei jedem einzelnen Text überprüft werden.

Darstellungsformen

- **Erzähler**
  - Bericht
  - breite szenische Darstellungsweise
  - Beschreibung
  - Kommentar
- **Personenrede**
  - Formen des Erzählerberichts, soweit sie Äußerungen einer Figur der Handlung sind
  - direkte Rede
  - indirekte Rede
  - erlebte Rede als Form der Gedankenwiedergabe
  - innerer Monolog

Zeit
- erzählte Zeit (Zeitraum, über den erzählt wird) und Erzählzeit (Lesezeit eines Textes)
- Zeitdeckung (erzählte Zeit und Erzählzeit sind annähernd gleich)
- Zeitdehnung (die Erzählzeit ist länger als die erzählte Zeit)
- Zeitraffung (die erzählte Zeit ist länger als die Erzählzeit)

Zeitstruktur und Bauform
- die Handlung wird chronologisch und kontinuierlich erzählt
- die Reihenfolge der Handlung wird umgestellt
- die Handlungsfolge wird unterbrochen; evtl. gibt es mehrere Handlungsstränge nebeneinander

Lyrische Texte

Unter den drei Gattungen fiktionaler Texte (Lyrik, Epik, Dramatik) hat die Lyrik die größte sprachliche Dichte.
Kennzeichen für Gedichte sind insbesondere:
- kunstvolle Struktur
- nicht alltägliche Äußerungsform
- Formprinzipien wie Rhythmus, Metrum, Reim, Strophik
- Sprachgebrauch, der sich in der Regel einer schnellen Verstehbarkeit entzieht
- semantische Besonderheiten wie die Bildlichkeit

Moderne Gedichte entfernen sich oft von den traditionellen Formprinzipien. Oft löst z. B. die Zeilenkomposition den Strophenbau ab.
Alle lyrischen Texte sind, im Gegensatz zu Prosatexten, in Versen bzw. Verszeilen abgefasst.

Lyrischer Sprecher (lyrisches Ich, lyrisches Wir)
Hiermit ist der Sprecher im Gedicht gemeint, aus dessen Sicht der Leser Eindrücke, Empfindungen und die Beziehung zur Wirklichkeit erfährt. Es handelt sich dabei um ein Rollen-Ich, das nicht mit der Person des Autors gleichgesetzt werden darf. Alle dargestellten Erfahrungen und Gefühle sind zunächst als dichterische Fiktion zu verstehen. Das lyrische Ich kann aber durchaus auf autobiografische Zusammenhänge verweisen. In diesem Fall muss entsprechenden textexternen Bezügen nachgegangen werden.

Vers
Alle lyrischen Texte sind in Versen bzw. Verszeilen verfasst. Anders als beim Prosatext brechen die Zeilen an einer bestimmten Stelle ab.
Beim *Zeilenstil* stimmen Satzende und Versende überein (Pause am Ende des Verses). Beim *Enjambement* (Zeilensprung) entsteht keine Pause am Zeilenende; der Satz überspringt das Zeilenende und geht im nächsten Vers weiter.

Strophe
Eine Strophe bezeichnet die Zusammenfassung von gleich oder ungleich langen Versen zu einer metrischen Einheit.
Traditionelle strophisch gebaute Gedichtformen sind z. B.:
- Sonett: 14-zeiliges Gedicht, das sich aus zwei Vierzeilern und zwei Dreizeilern zusammensetzt; die Quartette und Terzette sind in sich durchgereimt.
- Lied: meist aus mehreren gleich gebauten Strophen bestehend; häufig kurze Verse, bisweilen mit Refrain; formal flexibel: keine vorgegebene Zeilenzahl und kein vorgegebenes Versmaß.

Metrum und Rhythmus
In jeder sprachlichen Äußerung gibt es eine bestimmte Verteilung von betonten Silben (Hebungen) und unbetonten Silben (Senkungen). Die Abfolge von betonten und unbetonten Silben nennt man *Metrum*; der *Rhythmus* entsteht durch die Spannung zwischen diesem Versschema (Metrum) und der sprachlichen Füllung. In der Alltagssprache ist die Abfolge von betonten und nicht betonten Silben nicht geregelt; in der gebundenen Sprache der Lyrik ist dagegen die Gliederung des Sprachflusses oft durch einen regelmäßig sich wiederholenden Takt festgelegt.
Eine metrisch gebundene Verszeile umfasst mehrere Takte und kann entsprechend als zwei-, drei-, vierhebig usw. gekennzeichnet werden. Bei der metrischen Kennzeichnung sprachlicher Äußerungen orientiert man sich an den griechischen Bezeichnungen. Man spricht von *Versfuß* oder *Versmaß* als taktmäßiger Struktur eines Gedichts:
- Jambus (steigendes Metrum): xx́ (Beispiele: Gedicht, Verbot, bereit)
- Trochäus (fallendes Metrum): x́x (Beispiele: Vater, Dichter, oben)
- Anapäst (steigendes Metrum): xxx́ (Beispiele: Paradies, Anapäst, Malerei)
- Daktylus (fallendes Metrum): x́xx (Beispiele: Liebesleid, Eifersucht, Königin, Daktylus)

Interessant ist bei einem metrisch gebundenen Gedicht die *Wechselbeziehung zwischen metrischem Schema und natürlichem Sprachrhythmus*. Erst der Rhythmus macht durch Betonung, Sprechtempo und Sprechpausen aus der taktmäßigen Gliederung ein Ausdrucksmittel, wobei das metrische Schema nicht selten überlagert wird.

Besondere Beachtung verdient das Verszeilenende (Kadenz). Verszeilen, die betont (mit einer Hebung) enden, werden stumpf (auch *männliche Kadenz*) genannt; die *weibliche Kadenz* (klingend) ist zweisilbig und endet auf einer Folge von Hebung und Senkung.
Ein *freier Rhythmus*, der auf metrische Bindungen verzichtet, kann im Zusammenhang des Textes besonders ausdrucksstark und dynamisch wirken.

- Unter Laut- und Klangsymbolik versteht man die subjektiv empfundene Verbindung von Klangfarben und Bedeutungsinhalten, z. B. i als Ausdruck für Helligkeit, Freude; u als Ausdruck für Dunkelheit/Trauer.

Sprachliche Bilder und Stilfiguren
Bildlichkeit ist ein wesentliches Kennzeichen dichterisch-poetischer Ausdrucksweise. Sie zeigt insbesondere die Mehrdeutigkeit poetischer Sprache. Bei sprachlichen Bildern geht es vor allem darum, die Vorstellungen beim Leser/Hörer zu intensivieren.
Man unterscheidet u. a. folgende sprachliche Bilder:
- Vergleich (z. B.: Ein Herz wie Stein)
- Metapher (z. B.: Das Gold ihrer Haare)
- Personifikation (z. B.: Frau Sonne, Vater Rhein)

Rhetorische Figuren
Rhetorische Figuren (s. S. 104 f.) finden sich nicht nur in lyrischen Texten, sondern z. B. auch in Reden oder in Werbetexten.

Dramatische Texte

Figuren
Vom Autor geschaffene Personen; diese sind im Drama auf Ausgestaltung und Verkörperung durch einen Schauspieler (Mimik, Gestik, Kostüm, Aussehen) angelegt.
Mögliche Fragestellungen:
- Entwickelt sich die Figur im Verlauf der Dramenszene/des Dramas?
- Ist sie vielschichtig, komplex, widersprüchlich, mehrdeutig oder in typisierter Form gestaltet?
- Wie ist die Figur charakterisiert: Was sagt sie? Wie sagt sie es?

Figurenkonstellation
Bezeichnung für die Beziehung zwischen den einzelnen Figuren; mögliche Fragestellungen:
- Wer ist die Hauptfigur, wer ist/sind die Nebenfigur/en?
- Wer ist der Held (Protagonist), wer ist der Gegenspieler (Antagonist)?
- Welche soziale Rolle spielen die Figuren jeweils?
- Worin sind sich die Figuren ähnlich, worin unterscheiden sie sich?
- Wie sind die Einstellungen, Interessen, Absichten und Erwartungen der Figuren?

Dialog
Der Dialog bewirkt den Handlungsfortgang; im Dialog werden die Konflikte aufgebaut und die Figuren als Personen charakterisiert. Im Dialog handeln die Personen sprachlich, indem sie fragen, antworten, bitten, befehlen, bezweifeln, warnen, verschweigen, ermuntern, verheimlichen, verlangen. Mögliche Fragestellungen:

- Welche Beweggründe haben die Redenden, welche Interessen verfolgen sie?
- In welcher Gesprächssituation (Ort/Zeit) befinden sich die Redenden?
- Wie ist die Beziehung zwischen den Redenden? (komplementär/symmetrisch; gelungener/misslungener Dialog; aktives/passives Gesprächsverhalten)
- Welche sprachlichen Eigentümlichkeiten im Redestil fallen auf? (Dialekt? Alltagssprache? Ausdrucksschwierigkeiten? ...)
- Welche Einstellungen und Ansichten zeigen die Personen im Gespräch? (Menschenbild, Wirklichkeitsverständnis, Moralvorstellungen)

Monolog
Selbstgespräch, in dem sich die Figur aus den Beziehungen zu anderen Figuren löst und für sich und mit sich selbst spricht und dabei individuelle Gefühle und Einstellungen preisgibt

Handlung und Konflikt
Hier muss unterschieden werden

- zwischen dem **geschlossenen (traditionellen), symmetrisch gefügten Drama**; dabei orientiert sich der Handlungsaufbau, in dem es in der Regel einen zentralen Konflikt gibt, an einer strengen pyramidalen Form mit dichter Handlungsverknüpfung und den strengen Kunstformen des Dialogs und Monologs,
- und dem **offenen Drama**, in dem es oft verschiedene Handlungsstränge und eine Vielfalt von Szenen und unterschiedlichen Ausdruckssystemen mit sozialen und regionalen Färbungen der Sprache, körpersprachlichen Formen und einer Auflösung der strengen Dialog- und Monologformen gibt.

Zeit
Hier sind zwei Bedeutungsebenen zu unterscheiden:

- chronologische Gesichtspunkte, z. B. Verhältnis von realer Spielzeit und fiktiv gespielter Zeit, Vorausdeutungen, Rückgriffe,
- Grundkategorien wie Tag, Nacht, Jahreszeit, Lebensalter, historische Zeit/Epoche.

Raum
Die Gestaltung des Raumes bildet für die Figuren und ihre Schauspieler das Aktionsfeld. Zusätzlich gibt es eine Raumkonzeption, die, bedingt durch die Darstellungsabsicht, einen Welt- und Wirklichkeitszusammenhang verdeutlicht. So kann der Raum auch zu einem symbolhaft erfahrbaren Raum werden. Dem geschlossenen Drama mit einer Begrenzung von Raum, Zeit und Handlung steht das offene Drama mit einer möglicherweise großen Zahl von Orten, Zeitpunkten, Handlungselementen gegenüber.

Fachbegriffe zur Analyse von Sachtexten

Die folgenden Fachbegriffe und Leitfragen sind als allgemeine Kriterien zu verstehen, die auf alle Sachtexte zutreffen können. Bei der Analyse eines bestimmten Sachtextes kommt daher jeweils nur ein bestimmter Teil der Fachbegriffe/Leitfragen infrage.

Arten von Sachtexten

- Kontinuierliche Texte
  - Informierende, darstellende Texte
  - Ausdruckstexte: Es geht um persönliche Eindrücke, Gefühle, Überzeugungen
  - Kommentierende und argumentierende Texte: Es geht um gedankliche Auseinandersetzung
  - Argumentative Texte: Sie fordern zu einem bestimmten Verhalten auf
  - Normierende Texte: Sie sollen den Leser zum Einhalten von Regeln veranlassen
- Diskontinuierliche Texte
  Statistik, Diagramm, Schaubild, Schemazeichnung, Formular, Anzeige, Fahrplan, Bild/Grafik

Fachbegriffe und Leitfragen

I. Produktion

1. Herkunft des Textes:
Wer hat den Text geschrieben? Wo ist er zu finden? In welcher Zeit, zu welchem Anlass und unter welchen Umständen ist er entstanden oder verbreitet worden?

2. Absicht des Autors:
Welchen Zweck verfolgt der Verfasser? Wird das Ziel ausdrücklich formuliert? Erscheint es nur zwischen den Zeilen?

Stimmt die ausdrücklich genannte Intention mit der unausgesprochenen überein?

3. Bestimmung der Textsorte:
Handelt es sich um einen informierenden, kommentierenden, appellativen oder normativen Text? Welche Textsorte innerhalb der genannten Abgrenzungen liegt vor? Welche inhaltlichen, sprachlich-stilistischen und formalen Kennzeichen deuten darauf hin?

II. Inhalt

4. Erfassung des Themas:
Welcher Sachverhalt oder welches Problem wird behandelt? Kommt das Thema im Titel oder Untertitel in vollem Umfang zum Ausdruck? An welcher Stelle im Text wird es genau formuliert?

5. Untersuchung des Aufbaus:
In welche übergreifenden Abschnitte lässt sich der Text gliedern? Wie wird der Sachverhalt strukturiert? Wie verläuft die Gedankenfolge? Welche Überschriften eignen sich für die einzelnen Teile? Lässt sich der Aufbau in einer schematischen Skizze verdeutlichen?

6. Beschreibung des Verfahrens:
Gibt der Verfasser Tatsachen wieder, stellt er Thesen auf oder formuliert er Fragen? Enthält der Text Wertungen?
Welche Argumente bringt der Verfasser zur Erhärtung seiner Aussagen? Aus welchen Bereichen stammen seine Beispiele? Wo werden Zitate eingebaut?
Geht der Autor deduktiv oder induktiv vor? Ist der Text dialektisch entworfen?

III. Form (Sprache und Stil)

7. Semantischer Bereich:
Welchen Wortschatz wählt der Verfasser? Achten Sie vor allem auf die Verwendung von Fach- und Fremdwörtern, auf das Vorherrschen bestimmter Wortarten und auf die Wahl der Personalpronomina.

8. Syntaktischer Bereich:
Welcher Satzbau wird bevorzugt? Achten Sie besonders auf die Häufigkeit von Aussage-, Frage- und Ausrufesätzen, auf das Vorkommen hypotaktischer und parataktischer Konstruktionen.

9. Rhetorisch-poetischer Bereich:
Welche rhetorischen oder poetischen Mittel verwendet der Autor? Achten Sie auf rhetorische Figuren bzw. Tropen sowie Vergleiche, Metaphern, Bilder usw.

10. Zusammenfassung:
Wie lässt sich der Stil insgesamt beschreiben? Welche Funktion erfüllen die genannten sprachlichen und stilistischen Mittel im Textganzen? Achten Sie auf die Sprachschicht, die Verständlichkeit, die Gesamtcharakteristik (Idiolekt).

IV. Rezeption

11. Wahl des Mediums:
Stammt der Text aus einem Buch, einer Zeitschrift, einer Zeitung (Abonnement- oder Boulevardblatt)? Wurde er ursprünglich optisch oder/und akustisch vermittelt? Handelt es sich um ein Medium der individuellen oder der Massenkommunikation?

12. Wirkung des Textes:
Wendet sich der Autor an den Verstand oder an das Empfinden, an die Einsicht oder das Gewissen? Will er auf die Triebsphäre wirken und unbewusste Wünsche oder Vorstellungen wecken? Soll der Leser/Hörer zum Handeln veranlasst werden?
Stimmt die Wirkung mit der Absicht des Autors überein?

13. Bestimmung des Adressatenkreises:
An welches Publikum wendet sich der Autor aufgrund von Inhalt, Form und Sprache? Spricht er mehr ein Individuum, eine Gruppe oder ein massenhaftes Publikum an? Ist die angesprochene Zielgruppe identisch mit der tatsächlich erreichten?

V. Übergeordnete Gesichtspunkte

14. Einordnung des Textes:
Welchen Stellenwert hat der Text im Publikationszusammenhang, im Werk des Verfassers, in Bezug auf eine bestimmte Problematik oder Textsorte? Lässt er sich einer geistigen Strömung oder Epoche zuordnen? Kennen Sie ähnliche oder entgegengesetzte Texte, Standpunkte, Wirkungen?

15. Stellungnahme zum Text:
Erfüllt der Text seinen Zweck? Entspricht er den Erwartungen der angesprochenen Leser/Hörer? Wie ist er nach logischen, ethischen und ästhetischen Gesichtspunkten zu beurteilen? Wie lassen sich kontroverse Einstellungen begründen? Kann man das Problem durch ein Für oder Wider entscheiden? Ist eine weitere Differenzierung (Berücksichtigung bestimmter Voraussetzungen) notwendig? Wie lautet Ihr persönliches Urteil?

Zentrale Prüfungsaufgaben und Operatoren (Arbeitsaufträge)

Die Anforderungen für das Abitur sind durch drei Anforderungs- bzw. Niveaubereiche gekennzeichnet. Sowohl die Aufgabenstellungen für die schriftliche Abiturprüfung als auch deren Beurteilungskriterien sind auf diese Niveaubereiche bezogen:

I. Reproduktion: Wiedergabe von Faktenwissen; Kenntnis von Fachbegriffen (Beispiele: Inhalt knapp wiedergeben; Wissen zusammenfassen)

II. Reorganisation: Anwendung des Gelernten auf vergleichbare neue Zusammenhänge, Texte und Methoden (Beispiele: Zusammenhänge beschreiben; einen Text unter bestimmter Gesichtspunkten untersuchen; Auffälligkeiten herausstellen; Text unter bestimmten Gesichtspunkten gliedern; zu einer bestimmten Frage Hintergrundwissen einbeziehen)

III. Transfer und Evaluation: Schlüsse ziehen, Übertragung auf aktuelle Situationen, kritische Beurteilung; Methodenreflexion (Beispiele: Aussagen eines Textes auf andere Sachverhalte übertragen; unterschiedliche Aspekte vergleichend abwägen; Wertungen mit fachspezifischen Begründungen versehen; Textauffälligkeiten und Textmerkmale deuten)

Operatoren	Anforderungsbereich	Beispiel
analysieren/interpretieren	I, II, III	Literarischer Text: Analysieren (interpretieren) Sie den folgenden Romanausschnitt unter Berücksichtigung seiner Gestaltungsmittel.
		Sachtext: Analysieren Sie den Text unter besonderer Berücksichtigung seiner Argumentationsweise.
erörtern	I, II, III	Erörtern Sie Argumentationsansatz und Argumentationsaufbau des Textes.
darstellen	I, II	Stellen Sie die wesentlichen Elemente der Dramentheorie Dürrenmatts dar./ Stellen Sie die Argumentationsstrategie des Verfassers dar.
(be)nennen	I	Nennen Sie die wesentlichen rhetorischen Mittel.
beschreiben	I	Beschreiben Sie den Aufbau des Gedichts.
wiedergeben	I	Geben Sie den Inhalt des Textes in knapper Form wieder.
zusammenfassen	I	Fassen Sie die Ergebnisse Ihrer Untersuchung zusammen.
einordnen	II	Ordnen Sie die vorliegende Szene in den Handlungszusammenhang des Dramas ein.
erklären	II	Erklären Sie das Kommunikationsmodell von Karl Bühler.
erläutern	II	Erläutern Sie den Interpretationsansatz mithilfe von Beispielen.
in Beziehung setzen	II	Setzen Sie Nathans Einstellung in Beziehung zur Philosophie der Aufklärung.
erschließen	II	Erschließen Sie aus den ersten beiden Abschnitten die Intention des Textes.
vergleichen	II	Vergleichen Sie die Positionen von Protagonist und Antagonist.
sich auseinandersetzen	III	Setzen Sie sich mit der dramentheoretischen Position des Verfassers auseinander.
begründen	III	... begründen Sie Ihre Auffassung.
beurteilen	III	Beurteilen Sie die beiden Fassungen des Gedichts.
bewerten	III	Bewerten Sie die Handlungsweise des Protagonisten in der Schlussszene.
entwerfen	III	Entwerfen Sie für die Kurzgeschichte einen anderen Schluss und vergleichen Sie mit dem Original.
gestalten	III	Gestalten Sie eine Parallelszene.
(kritisch) Stellung nehmen	III	Nehmen Sie in kritischer Weise zu der Auffassung des Verfassers Stellung.
(über)prüfen	III	Überprüfen Sie Ihre Interpretationsmethode auf der Grundlage Ihres eigenen Textverständnisses.

Textquellenverzeichnis

Bichsel, Peter: San Salvador. 34/36
Aus: Ders.: Eigentlich möchte Frau Blum den Milchmann kennenlernen, Walter Verlag, Olten 1964

Brecht, Bertolt: Fragen eines lesenden Arbeiters. 100
Aus: Ders.: Gesammelte Gedichte, Bd. 2, Suhrkamp Verlag, Frankfurt/M. 1967, S. 656

Brentano, Clemens: Der Spinnerin Nachtlied. 63
Aus: W. Frühwald/B. Gajek/F. Kemp (Hg.): Werke, Hanser Verlag, München 1968

Büchner, Georg: Brief vom März 1834. 82
Aus: Ders.: Werke und Briefe, Hanser Verlag, München 1988, S. 288 f.

Büchner, Georg: Dantons Tod (Auszug), Schöningh Verlag, Paderborn 2007 82

Büchner, Georg: Woyzeck (Auszug), Schöningh Verlag, Paderborn 1999, S. 23 f. 74

Enzensberger, Hans Magnus: konjunktur. 42
Aus: Ders.: Verteidigung der Wölfe, Suhrkamp Verlag, Frankfurt/M. 1957

Franck, Julia: Streuselschnecke. 25
Aus: Dies.: Bauchlandung. Geschichten zum Anfassen, Verlag DuMont, Köln 2000

Glück, Helmut: Sprachentwicklung in der modernen Mediengesellschaft. 94
Aus: Deutschland global. Neue Medien – Herausforderungen für die deutsche Sprache, Verlag DuMont, Köln 2000, S. 108 ff.

Goethe, Johann Wolfgang: Faust. Der Tragödie erster Teil (Auszug), Schöningh Verlag, Paderborn 1999, S. 117 ff. 72

Goethe, Johann Wolfgang: Willkommen und Abschied (erste Fassung). 59
Aus: Klaus Weimar: Goethes Gedichte 1769 – 1775, Schöningh Verlag, Paderborn 1984, S. 22

Goethe, Johann Wolfgang: Willkommen und Abschied. 53/55
Aus: Ders.: Sämtliche Gedichte, Insel Verlag, Frankfurt/M. 2007

Grass, Günter: Die Blechtrommel (Auszug), Luchterhand Verlag, Neuwied 1959, © Steidl Verlag 23

Kaschnitz, Marie-Luise: Einer von zweien. 63
Aus: Dein Schweigen – meine Stimme, Claasen Verlag, Hamburg und Düsseldorf (jetzt Hildesheim) 1962

Kleist, Heinrich von: Michael Kohlhaas (Auszug), Reclam Verlag, Stuttgart 1949 23

Krolow, Karl: Robinson I. 71
Aus: Ders.: Gesammelte Gedichte, Suhrkamp Verlag, Frankfurt/M. 1965, S. 209 f.

Reinig, Christa: Robinson. 71
Aus: Dies.: Sämtliche Gedichte, Eremiten-Presse, Düsseldorf 1984

Scheitler, Irmgard: Erzähltheorie der Gegenwartsprosa. 5
Aus: Dies.: Erzähltheorie der Gegenwartsprosa. Deutschsprachige Gegenwartsprosa seit 1970, A. Francke Verlag, Tübingen/Basel 2001, S. 9 f.

Schiller, Friedrich: Don Karlos (Auszug). 61
Aus: Ders.: Gesammelte Werke in drei Bänden. Erster Band: Dramatische Dichtungen, hg. von Reinhold Netolitzky, Sigbert Mohn Verlag, Gütersloh o. J., S. 500 ff.

Schneider, Wolf: Die Sprache verändert sich – was sollen die alten Normen? 9
Aus: Ders.: Das Handbuch für attraktive Texte, Rowohlt Verlag, Reinbek bei Hamburg 2005, S. 43 ff.

Stanzel, Franz K.: Erzählsituationen. 21
Aus: Ders.: Typische Erzählsituationen. In: Typische Formen des Romans, Vandenhoeck und Ruprecht, Göttingen 1993

Storm, Theodor: Viola tricolor. 23
Aus: Theodor Storm. Am grauen Meer. Gesammelte Werke, hg. von Rolf Hochhuth, Bertelsmann Verlag, Gütersloh o. J.

Walser, Martin: Die Rolle des Lesers von literarischen Texten. 47
Aus: Über den Leser – so viel man in einem Festzelt sagen soll. In: literatur konkret., 2 Jg., Neuer Konkret Verlag, Hamburg 1978, Heft 3, S. 59

Wohmann, Gabriele: Ein netter Kerl. 29
Aus: Dies.: Habgier. Erzählungen, Piper Verlag, München 1993, S. 68 ff.

Bildquellenverzeichnis

action press/Axel Kirchhof: S. 94; © Christopher Adolph/vario-press: S. 11; © akg-images: S. 57 (2); Mit freundlicher Genehmigung der BSR Berliner Stadtreinigungsbetriebe und der Heymann Schnell Werbeagentur AG: S. 97; © Cinetext/Creaps: S. 61; defd pwe-Verlag GmbH: S. 74; dpa-Fotoreport: S. 48; Aus: EinFach Deutsch, Aktiv lesen, Schöningh Verlag, Paderborn 2004: Lösungen, S. 6; © picture-alliance/dpa: S. 9; © picture-alliance/akg-images: S. 23 (o.), S. 84; Günter Schlottmann, Paderborn: S. 39, S. 79; Steidl Verlag Göttingen 1993: S. 23 (u.); © ullstein-bild – Friedrich: S. 63; Rolf K. Wegst, Gießen: S. 73.

Sollte trotz aller Bemühungen um korrekte Urheberangaben ein Irrtum unterlaufen sein, bitten wir darum, sich mit dem Verlag in Verbindung zu setzen, damit wir eventuell notwendige Korrekturen vornehmen können.